Cimientos para una educación sólida

A mis maestros,
a mis compañeros,
a mis alumnos.

ESTANISLAO MARTÍN RINCÓN

CIMIENTOS PARA UNA EDUCACIÓN SÓLIDA

FONTE

GRUPO EDITORIAL

© Estanislao Martín Rincón
© Grupo Editorial Fonte
  P. del Empecinado, 1; Apdo. 19 - 09080 - Burgos
  Tfno.: 947 25 60 61

www.montecarmelo.com
www.grupoeditorialfonte.com
editorial@grupoeditorialfonte.com

ISBN: 978-84-10023-65-9
Depósito Legal: BU-340-2024

Impresión y Encuadernación
Grupo Editorial Fonte - Burgos
Impreso en España. Printed in Spain

Índice

Presentación

El día 15 de mayo de 2024 las religiosas Hijas de María Nuestra Señora celebramos los 75 años de la canonización de santa Juana de Lestonnac, excelente pedagoga, fundadora de una orden que lleva más de 400 años educando. Por otra parte, hemos comenzado un año dedicado a conmemorar los 125 años del inicio del colegio en Talavera.

Estas efemérides son para nosotras un llamamiento a profundizar en el carisma que nos legó la Santa Madre que es el de monjas-maestras, apasionadas por la enseñanza, llamadas, consagradas y enviadas a ese campo concreto de la Iglesia que es la educación. Queremos tener siempre presente esa exhortación de nuestra fundadora que nos pedía no abandonar nuestro puesto: *«que la enseñanza de las niñas no se omita nunca, sino que cada vez se haga mejor...»*.

En esta tarea de educar integralmente a nuestras alumnas hemos contado siempre con grandes colaboradores: sacerdotes, profesores, maestras que han contribuido de forma excelente a crear en el colegio esa atmósfera de caridad que es la marca de los discípulos de Cristo y la condición para que nuestras alumnas crezcan y se desarrollen haciendo la experiencia de su propia dignidad. Y lo han hecho día a día en sus clases, en las actividades, en el trato con los demás miembros de la comunidad educativa, en definitiva, en la vida escolar cotidiana.

Entre estos amigos y colaboradores estuvo durante una década Estanislao Martín Rincón, maestro, que ejerció su tarea como profesor en ESO y Bachillerato, como miembro del Departamento de Orientación, como conferenciante y formador, como consejero y «maestro de maestros». Muchas de sus intervenciones en actividades del colegio —como los seminarios de Fe y Razón promovidos por el Departamento de Filosofía o la Escuela de Maestros, organizada desde nuestro centro, pero abierta a docentes católicos que ejercen en otros lugares— merecen ser publicadas.

Ahora ve la luz esta selección de los artículos que fue escribiendo en la revista «El Taller del Orfebre», que nació, precisamente, coincidiendo con el quincuagésimo aniversario de la canonización de santa Juana y el centenario del colegio de Talavera.

Cimientos para una educación sólida recoge algunos de los artículos que Estanislao Martín Rincón, con la colaboración de su esposa, Mª Teresa Ayuso, nos fue regalando a lo largo de tantos meses. Muchas de las ideas que se exponían, nos sirvieron para la reflexión y el debate constructivo, a la vez que enardecían nuestro ánimo para continuar desarrollando esa preciosa tarea que requiere tanta longanimidad, puesto que trabajamos en algo tan importante, pero tan poco lucido como es poner los cimientos.

Los principios que recogen estas páginas serán una gran ayuda para cuantos, de una u otra forma, se dedican a la educación. No podíamos ni olvidarlos, ni dejarlos en un ámbito restringido.

Nuestra gratitud a Estanislao por esta publicación. Nuestra gratitud por compartir sus cualidades, sus conocimientos y su experiencia.

M. SUPERIORA Y COMUNIDAD
DE HIJAS DE MARÍA NUESTRA SEÑORA
Talavera de la Reina

Justificación

El contenido de este libro está formado por cuarenta y seis artículos sobre educación, seleccionados de entre un total de doscientos, que han sido publicados a lo largo de veinticinco años en la revista *El taller del orfebre* del colegio de la Orden de Hijas de María Nuestra Señora, de Talavera de la Reina, colegio donde mi esposa y yo hemos pasado nuestros diez últimos años de docencia.

Esta revista, fundada y dirigida por el sacerdote don Jorge López Teulón, capellán del colegio, a finales del siglo pasado, exactamente en 1999, edita cada año nueve números mensuales, de octubre a junio. Por petición suya, acepté una colaboración fija en donde vengo tratando, desde entonces, cuestiones de educación y familia dirigidas a padres y maestros. En diversas ocasiones, algunos lectores me han sugerido reunir esos artículos y publicarlos en forma de libro. Por razones que no vienen al caso, no he dado curso a esa sugerencia hasta este momento. Ahora, en cambio, con la amplia perspectiva de veinticinco años de colaboración (los últimos nueve ya jubilado), he juzgado oportuno despertar estas reflexiones guardadas y dormidas en mi ordenador, algunas durante largo tiempo, otras más recientes y hacerlas ver la luz nuevamente, en esta ocasión reunidas en forma de libro.

Ya ves, lector, cómo las he titulado: *Cimientos para una educación sólida.* Cuando me ha tocado hablar o escribir sobre educación, que han sido muchas veces, una de las imágenes a las que he recurrido con más frecuencia es la de comparar a la persona con una edificación y a la educación como una tarea de construcción. La idea es sabia, pero no por ser mía, que no lo es, sino porque pertenece a la Sagrada Escritura. *«Vosotros sois edificación de Dios»*, les dice san Pablo a los corintios en su primera carta.

Entender la educación como construcción es lo que ha inspirado el título de este libro. La primera palabra del título, CIMIENTOS, no necesita ser explicada. Salta a la vista que si queremos levantar un edificio, tenemos que empezar por los cimientos, esa parte de la construcción que viene a ser como las raíces de los árboles, oculta e imprescindible para que la parte visible se sostenga y mantenga su vitalidad.

En la última palabra, SÓLIDA, sí me parece conveniente detenerme, aunque sea brevemente. La he elegido por contraposición a «lo líquido», a causa del momento cultural en el que nos encontramos, donde «lo líquido» tiene un tratamiento desmesurado, con una valoración teórico-práctica que no merece. Si la persona humana de verdad nos importa, su educación tiene que ser sólida, apoyada en cimientos sólidos, porque allí donde todo es líquido no hay construcción posible. Es un hecho fácilmente constatable que desde hace un buen puñado de años, lo líquido ha ganado terreno a la solidez que necesitan las cuestiones fundamentales de la vida. Ya llevamos tiempo en el cual se nos invita a no sostener más verdad que la «verdad líquida», a vivir «relaciones líquidas», a contentarnos con la «belleza líquida»… y a la «educación líquida». Estas expresiones no son ocurrencias mías y cualquiera puede comprobar que tienen multitud de entradas en internet. Lo que sí es mío es la opinión de que este hábitat líquido en que nos movemos no es bueno. La presión ambiental de «lo líquido» no nos hace bien porque ha contribuido, en buena parte, a tener una sociedad líquida y, en consecuencia, enferma *(in-firma*, carente de firmeza). Tanto que hemos arribado a un momento histórico, el actual, en el que no son pocas las voces que hablan de la civilización cristiana, que es la nuestra, no ya líquida, sino liquidada, al menos en la cuna que la vio crecer, Europa, y haciendo aguas en buena parte del mundo inculturado desde aquí.

Algunos nos hemos resistido, y nos seguimos resistiendo, a que las cosas sean así, por muy extendidos que estén los criterios del pensamiento líquido. Si somos más o menos los que pensamos de esta manera, poco importa para levantar la voz a favor de la educación sólida. Estoy persuadido de que si algo necesitan las cabezas de toda época es firmeza, solidez de criterios que puedan sostener y mantener los grandes valores de la vida, los ideales más altos. Para vivir como lo que somos, hijos de Dios, seres pensantes y libres, necesitamos grandes dosis de firmeza, tierra firme donde vivir, criterios firmes, verdades firmes, puntos de apoyo firmes. Desde ahí sí podremos construir, reconstruir, sanar, educar.

Todo lo dicho en esta presentación no pasa de ser un estado de opinión, que, si encierra verdad (sólida) y en la medida que la encierre, constituye un doble motivo de tristeza y esperanza para actuar. Tristeza porque triste es que hayamos liquidado la más excelsa civilización que ha conocido la humanidad en toda su existencia. Y esperanza para ponernos a trabajar cuanto podamos, con ánimo decidido, porque sabemos que la falta de firmeza (la enfermedad) no tiene la última palabra.

Dar una educación sólida hoy no es fácil, pero tampoco imposible. A todo educador, padre o madre, maestro o catequista, yo los animaría con estas palabras con las que Dios preparó la voluntad y el corazón de Josué para la empresa, humanamente imposible, de conquistar la Tierra Prometida: «¡*Ánimo, sé valiente!* (...) *Tú ten mucho ánimo y sé valiente*» (Jos 1; 6,7).

El autor

La formación del hombre nuevo

1. Educación y engendramiento (I)

Comenzamos una serie de artículos bajo el título común de *La formación del hombre nuevo*. Y queremos empezarla proponiendo un ejercicio de reflexión a quienes nos leéis. El ejercicio, para quien tenga a bien hacerlo, y le parezca oportuno, consiste en responder a una pregunta muy corta y muy concreta; la pregunta es esta: ¿qué es educar? Quienes hayáis intentado responder muy probablemente os habréis dado cuenta de que a la sencillez de la pregunta no se corresponde la misma sencillez en la respuesta. Puede darse una respuesta espontánea porque todos tenemos una idea de qué es la educación y en qué consiste educar. Pero a poco que uno se detenga a pensar, puestos a matizar, veremos que dejamos muchos flecos sueltos y que no acabamos de plasmar, y menos aún de redondear, las ideas sobre educación. Si, además, compartimos con otros nuestras respuestas individuales y las confrontamos, es posible que veamos que los demás han dicho cosas interesantes a las que nosotros no les hemos dado mucha importancia o, quizás, ni se nos han ocurrido. Y es que se trata de una de las preguntas clave a las cuales la Pedagogía tiene la obligación de responder. De hecho, en la historia de la educación, las respuestas son múltiples. Tal variedad en las respuestas no tiene nada de extraño porque la educación es algo específicamente humano y el hombre es un ser muy complejo, que puede ser entendido desde multitud de puntos de vista.

Nosotros también hemos ensayado una respuesta, que ya hemos adelantado con el título de esta serie que hoy iniciamos. Pensamos que una manera de definir la educación es esta: *educar es hacer hombres nuevos*, o mejor aún: *ayudar en la construcción del hombre nuevo*.

Es claro que estamos ante una definición muy precaria, pero muy atractiva, que abre unos horizontes muy amplios (desde luego no hemos intentado una explicación técnica, de las que abundan en los manuales de Pedagogía). Esta que proponemos tiene muchas implicaciones y por ser extremadamente abierta, necesita ser considerada con cierto sosiego, pero vaya por delante la idea de que no es una definición utópica[1] que pudiera verse muy ajustada al lenguaje teórico pero imposible de llevar a la práctica, ni solo es aplicable en una situación ideal. Está pensada ahora y es perfectamente posible para esta generación que parece tan difícil de educar y para este momento concreto en que nos ha tocado vivir. Cuando la educación se toma en serio, exige mucho esfuerzo, mucha paciencia, mucha constancia y hay que emplearse en vencer muchas dificultades. Todo esto ya lo sabemos y hay que contar con ello, pero nuestra

---

[1] La expresión *hombre nuevo* tiene al menos dos sentidos: un sentido teológico y otro pedagógico. Nosotros la usamos en el segundo.

a) La explicación teológica no nos corresponde a nosotros, si bien no podemos ignorar que según la teología católica la construcción del *hombre nuevo* es un imposible, una utopía, sin contar con la gracia. Sin ella todo hombre es un hombre viejo, en el sentido en que lo usa san Pablo, y solo la gracia recibida es capaz de transformar al hombre viejo en *hombre nuevo*. Según esto la expresión *hombre nuevo* solo puede aplicarse con propiedad a Jesucristo y a la Virgen María, a quien, por ser «la llena de gracia», podemos saludar como «mujer nueva». En cuanto a los demás hombres también se nos puede aplicar, pero solo en la medida de nuestra participación en el misterio pascual de Jesucristo.

b) El sentido pedagógico es lo que intentaremos explicar a lo largo de los artículos de esta serie. Digamos ahora solamente que hablar del *hombre nuevo* en sentido pedagógico es legítimo y perfectamente válido, aunque solo sea porque todo hombre que viene a este mundo es un ser nuevo, recién alumbrado.

mirada no puede quedarse clavada en los obstáculos porque a toda persona que tenga que educar, lo que se le propone no es una tarea ingrata y costosa que hay que sacar adelante, sino la participación en la mayor obra de arte posible: la construcción de un *hombre nuevo*. Para cualquier persona es motivo de satisfacción y de sano orgullo el tomar parte en la construcción de una gran obra. Imaginemos una complicada obra de ingeniería, una grandiosa y excelsa obra de arte, el levantamiento de una gran catedral, la decoración artística de un palacio, etc. Pues bien, la construcción de una persona, de una sola, es obra incomparablemente más importante que cualquiera de los ejemplos propuestos, o cualquier otro que se nos pueda ocurrir. Participar en la formación de una personalidad sana es labor mucho más elevada y mucho más trascendente que cualquier catedral, porque toda persona es una realidad abierta al infinito; de aquí que tomar parte en su educación sea participar en una obra de eternidad.

Dicho esto, la primera idea que queremos explicar puede dar la impresión de que nos distrae de nuestro objetivo, pero no es así, resulta necesaria en orden a la comprensión íntegra de lo que queremos decir. A este respecto viene bien hacer alguna reflexión entre dos conceptos muy relacionados entre sí: educación y engendramiento.

Lo mismo el acto de engendrar que la educación, considerados desde quien los lleva a cabo, pueden ser entendidos de dos formas: bien como conceptos y hechos distintos, bien como dos partes diferenciadas de un mismo proceso. En esta primera parte del artículo de hoy nos fijaremos en su consideración de hechos distintos; en la segunda, que prevemos para el próximo mes, adoptaremos el segundo punto de vista, que es ver cómo en su realidad más profunda pertenecen al mismo proceso: la creación del *hombre nuevo*.

El acto físico de engendrar, al menos si se produce del modo previsto por la naturaleza, es un acto concreto, de corta duración, que se da en el marco de una relación sexual biológicamente fecunda. Si las condiciones de fecundidad son propicias, el resultado está asegurado: una nueva criatura empieza su existencia, sin que ella pueda intervenir de ningún modo para advenir a este mundo. Para el hecho de empezar a ser, el engendrado es sujeto absoluta y necesariamente pasivo, ni se cuenta ni se puede contar con él previamente, por la sencilla razón de que previamente no existía.

Educar, en cambio, no es un acto, sino un proceso; es decir, una serie de actos concatenados, que suelen responder a un plan preconcebido por el educador. Es un proceso de duración indefinida, pero en todo caso largo, dividido en fases (infancia, pubertad, adolescencia, etc.), sometido a multitud de influencias, en el que concurren habitualmente muchas personas, de resultados inciertos, escasamente previsibles y en el que intervienen varias causas, entre ellas, además de la acción de los educadores, la voluntad del educando. Para venir a la existencia no se puede contar con el sujeto, para educarlo no se puede prescindir de él. No puede darse educación que merezca tal nombre si no se cuenta con el asentimiento, al menos implícito, de quien va a ser educado; y en su defecto, cuando este no puede darse, con el de sus padres o responsables legales.

Ahora bien, unos y otros no pueden ejercer sino como suplentes mientras que la persona carece de capacidad de decisión sobre sí misma. La adquisición de esta capacidad también es un proceso, que llega a su plenitud cuando el individuo está en condiciones óptimas de vivir de manera autónoma, pero que empieza a ejercerse desde la más tierna infancia. La grandeza de la tarea educadora, y también su obstáculo más insalvable, que ha traído —y nos trae— de cabeza a los educadores de todas las épocas, reside en la cuestión de la libertad del educando. Todo educador sabe que su labor educadora está hipotecada por la voluntad del educando, que puede optar por colaborar o por negarse en la tarea de su propia educación. Esta libertad personal, aunque de manera muy inmadura y muy rudimentaria, se manifiesta operativa desde edades muy tempranas y su ejercicio tiene la virtualidad de hacer fecundo o estéril el trabajo del educador. Y es que al educar hay que toparse, quiérase o no, con el misterio de la libertad humana.

2. Educación y engendramiento (y II)

El artículo anterior le dedicábamos a reflexionar sobre las diferencias entre la educación y el engendramiento. En este nos vamos a situar en la segunda perspectiva de la que hablábamos en aquel: considerar que la educación y el engendramiento son dos fases de un mismo proceso. Sin forzar demasiado el lenguaje es posible afirmar que educar es «hacer» hombres nuevos, pero «hacer» hombres nuevos es propiamente, literalmente, el significado de engendrar.

De aquí que engendrar y educar puedan considerarse como dos etapas diferenciadas en un todo único que es el acto de crear. Crear, en sentido estricto, solo puede atribuirse a Dios y en este mismo sentido lo propio del hombre no es crear sino procrear. Pero hay otros dos aspectos por los cuales cabe atribuir al hombre la función creadora, entendiendo el concepto de creación en sentido amplio. Uno, crear en cuanto a posibilitar la aparición de algo nuevo e inexistente con anterioridad, algo, por tanto, distinto de lo conocido; y dos, crear en cuanto a producir una obra de arte. Ambos significados están recogidos por el Diccionario de la Real Academia y ambos tienen implicaciones profundas en la noción de educación.

Por esta vía, confluyendo en el concepto de creación, el engendramiento y la educación pueden entenderse como momentos distintos en la realización de una misma obra, la obra creada, porque hacer un hombre nuevo no se agota con su engendramiento. Hacer un hombre nuevo no es posibilitar la aparición de un feto humano, ni siquiera hacer que un bebé nazca. Hacer un hombre nuevo es conseguir que la persona sea una persona educada; es decir, dejar a la criatura humana terminada, si no totalmente, porque eso nunca es posible, sí con suficientes cotas de perfección, las necesarias como para que pueda valerse por sí misma con garantías de autoposesión, o lo que es similar, de llevar vida humana autónoma.

El segundo sentido de crear indica que crear es producir una obra de arte. Y educar también. Educar también es una obra de arte. Educar no es una ciencia, aunque haya varias disciplinas que se amparan bajo el genérico e impreciso paraguas de «ciencias de la educación». Pero hablando en puridad, la totalidad de saberes pedagógicos encajan mal con el rigor y la metodología científicas. Es cierto que los estudios acerca del hecho educativo pueden realizarse científicamente, y con esas garantías deben ser exigidos, que algunas dimensiones de la tarea educativa se justifican por los resultados de estudios técnicamente controlados, o que muchas otras sean susceptibles de tratamiento científico, pero la práctica educativa, en cuanto tarea formadora de hombres nuevos, en sí misma no es científica, porque tiene más de habilidad o conjunto de habilidades que de trabajo científico.

Del hecho de educar cabe decir que es una obra de arte, o cuando menos que tiene mucho de obra de arte, y por eso la función educadora y los actos a través de los cuales la educación se lleva a cabo están tocados por cierta belleza. El hombre educado es portador de una belleza singular y también es portadora de belleza la tarea educadora. En la educación hay belleza en la ejecución de la tarea y hay belleza en sus resultados. Ya Platón lo vio con claridad y de él se recoge como definición de educación la siguiente: «educar es dar al cuerpo y al alma toda la belleza de que son capaces». Con el correr de los siglos, y especialmente en los dos últimos, la Pedagogía se ha enriquecido con un riquísimo caudal de nuevos aportes y reflexiones, pero esta definición de Platón sigue siendo válida. Por eso, si la educación cumple con sus fines, es decir, si consigue formar hombres nuevos, el hablar de belleza en la tarea educativa no es ninguna exageración ni ninguna quimera.

Otra consecuencia que se desprende de considerar que el engendramiento y la educación son dos etapas distintas de un mismo proceso es que los principales responsables de la educación son los padres. El hecho de entender el engendramiento y la educación como etapas diferenciadas de una misma realidad, la realidad del hombre nuevo, arroja un buen chorro de luz sobre la discusión acerca de quién tiene la competencia de educar. El derecho a la creación del hombre nuevo no puede tenerlo sino quien tiene la facultad de hacer que exista la nueva persona, es decir, su familia, puesto que sus padres, y no otros, han sido los responsables de la aparición de la nueva vida. Ciertamente que la familia no se basta por sí misma respecto a la educación de los hijos; los padres por sí solos no son capaces de suministrar al hijo todo lo que este necesita para su educación y por eso hay que acudir a instancias extrafamiliares, de entre las cuales la escuela aparece como la más señalada. De la familia se repite una y otra vez que es la primera célula de la sociedad, lo cual es una imagen muy acertada, que explica apropiadamente cuál es la importancia que la familia tiene en y para el orden social. Ahora bien, para conformar una sociedad sana, no es suficiente con el buen funcionamiento de su primera célula, por muy básica que esta sea. Por eso la imagen de la primera célula, sirviendo para acentuar su importancia, al tiempo está manifestando su propia insuficiencia respecto de la educación de la persona en totalidad.

Desde siempre a la escuela se le ha atribuido la socialización de los individuos como una de las funciones propias de su existencia. Es una verdad no discutida por evidente, que en esta última época aparece más nítida aún. En la actualidad la escuela es cada vez menos la depositaria del saber. El mundo del conocimiento está disponible hoy para todo el mundo (al menos para todo el mundo que llamamos desarrollado) con una extensión y una profundidad inimaginada hasta no hace tantos años. Por eso la función socializadora de la escuela, sin haber perdido vigencia nunca, es hoy más notable, se nota más. Adoptando nuevos usos, la escuela sigue siendo el ámbito donde el aprendizaje y el juego están institucionalizados. En la escuela se siguen forjando amistades valiosas, algunas llamadas a no caducar mientras los amigos viven. La escuela, tan cambiante en tantas cosas, continúa impactando, como siempre, en las almas infantiles con su repertorio de múltiples experiencias novedosas. En la escuela se hacen los primeros amigos, en muchos casos los únicos amigos de verdad para toda la vida. En la escuela se sufre la primera experiencia de desgarro afectivo, de «desarropamiento», de

tener que vérselas con el mundo exterior desprovistos de la seguridad calentita del nido familiar. En la escuela son muchos los que
entran por vez primera en contacto con el mundo de la cultura. En
la escuela pervive la fascinación por el saber cuando este es transmi-
tido de manera bella. Volveremos sobre este tema de la belleza en la
enseñanza, baste por ahora la indicación de cómo la escuela aporta
a la formación de la persona un ámbito de experiencias estéticas que
la familia no siempre está en condiciones de ofrecer.

Es indiscutible, pues, que la familia no es autárquica respecto de
la educación de la persona. Las demás instituciones son del todo necesarias para completar lo que la familia por sí sola no puede suministrar. Aquí entra en juego el concepto del derecho a la educación,
que siempre ha de ser contemplado desde una doble perspectiva ya
que la educación es un hecho relacional en el que intervienen dos
partes: la parte educadora y el educando. Esto hace que el derecho
a la educación haya de ser entendido en su doble dimensión de derecho a ser educado y derecho a educar. El derecho a ser educado
es prioritaria y exclusivamente del educando; el derecho a educar,
prioritaria pero no exclusivamente de su familia.

El derecho a educar que asiste a la familia y su insuficiencia que
viene a paliar la escuela, no convierte ni a una ni a otra en propieta-
rias del derecho a la educación, sino en administradoras en favor del
niño. Familia y escuela tiene derecho a educar, sí, pero con notables
diferencias. El derecho a educar no es el mismo para una y otra;
el derecho a educar es fundamental y prioritario para la familia y
subsidiario para cualquier otra institución. De este modo se establece una jerarquía de derechos, donde el primer lugar lo ocupa el
derecho a ser educado, el segundo el derecho a educar por parte de
la familia y el tercero, el resto de las instituciones sociales

3. Hombres nuevos para tiempos nuevos

Vivimos tiempos nuevos. Es esta una afirmación válida para
cualquier época, pero no para todas las épocas del mismo modo.

Siempre ha tenido validez porque el tiempo es irreversible. De aquí que a toda generación le haya tocado vivir estrenando su momento, pero siendo esto así, a la vez también es cierto que hay diferencias notables entre unas épocas y otras. Las diferencias vienen por los términos nuevo y novedoso. Todas las épocas son nuevas, pero no todas son novedosas. No es lo mismo haber vivido, por ejemplo, en los albores del siglo XIII que en los del siglo XVI. Aquellos, los del siglo XIII, siendo albores, se parecían mucho a las décadas anteriores, su novedad era más cronológica que cultural. Estos otros, los del XVI, fueron, en cambio, rabiosamente nuevos. Su novedad era efervescente. Los cambios tuvieron un alcance cuya influencia llegaba mucho más allá de las cifras de los calendarios del momento. Se trataba de una nueva cultura surgida por la conjunción de las causas que los historiadores se encargan de explicar.

Pues bien, de nuestra época se puede decir algo parecido. Vivimos tiempos cualitativamente distintos a los de una generación más atrás. A quienes ahora rondan los cuarenta años, este momento presente, segunda década del siglo XXI, les ha sorprendido con un estilo de vida que no se parece en nada a los cuarenta años de sus padres y que se distanciará, probablemente aún más, de los cuarenta años de sus hijos. Llevamos casi cinco lustros de este nuevo milenio, y todo apunta a que este siglo XXI, a pesar de que ahora está en sus inicios, ya se parece muy poco al pasado siglo XX. (Tampoco es que el siglo XX haya sido igual en todos sus tramos: entre los años de la I Guerra Mundial y los 90 hay abultadas diferencias). En cualquier caso, es evidente que el cambio de milenio ha traído una nueva era. Al utilizar expresiones como *nueva era*, o como *nuevo orden* hay que comenzar pidiendo disculpas por su uso, pues se trata de tópicos usados desde hace siglos, y, paradójicamente, demasiado viejos.

Tras la doctrina de cualquier líder de talla hay siempre un modelo de sociedad nueva; tras cada algarada histórica, una guerra de envergadura o una revolución triunfante, los que han salido vencedores se han lanzado al establecimiento de un *orden nuevo*. Lástima que lo más habitual es que cuando se ha intentado haya sido por imposición, desde posturas de dominio cultural o bélico. Así los intentos solo podían resultar fallidos. Esto parece claro, y también parece claro que la desilusión le ha ido ganando terreno al entusiasmo. El panorama de un mundo con tantas lacras como el nuestro (mayoritariamente hambriento, con unas docenas de guerras en permanente intermitencia, azotado por toda suerte de injusticias, por calamidades naturales y artificiales, por enfermedades endémicas en muchas regiones...) debería abochornar y enmudecer a quienes anunciaron por última vez el establecimiento de un orden nuevo en el mundo.

La promesa de una nueva era es muy vieja y aun así hablar de *nueva era* es legítimo y es necesario. Legítimo porque se corresponde con la realidad del momento, necesario porque no podemos vivir sin esperanza. Tanto en el mundo planetario como en nuestro pequeño mundo personal, necesitamos saber que sí se pueden hacer las cosas de otra manera, que la justicia y la paz, si bien nunca serán absolutas, sí pueden ir ganando terreno, que son posibles y que no tenemos por qué resignarnos a que las cosas sean como son cuando vemos que estas son manifiestamente dañosas. Todos y cada uno tenemos derecho a vivir una vida limpia y digna, y ese derecho se hace más exigente cuando se poseen, como poseemos, las herramientas adecuadas para que tal dignidad sea efectiva. Pues bien, una de esas herramientas es la educación. Pero *educación-educación*, no sucedáneos.

Mirando al momento que nos toca vivir, la expresión *nueva era* adquiere, además, un sentido tecnológico cuya influencia es determinante. Es la era de la globalización, del asentamiento de internet, de la inteligencia artificial, y, por lo mismo, de la uniformización. Tendemos a estar cada vez más cerca y a parecer más iguales. Esto tiene sus ventajas y sus inconvenientes; quizá el más preocupante de ellos sea el riesgo de pérdida de nuestras señas de identidad. Estamos enraizados en una historia y en una cultura concreta que deberíamos conocer y cuidar con esmero, de otro modo no la valoraremos, ni la amaremos, porque nadie ama lo que no conoce.

Si no conocemos y no amamos lo nuestro, nos quedaremos sin saber quiénes somos y de dónde venimos, con el riesgo de ignorar qué hacemos aquí y adónde vamos. Por la fe sabemos que somos ciudadanos del cielo, pero esa ciudadanía solo será totalmente efectiva tras la muerte; hasta entonces somos ciudadanos también de aquí abajo y estamos especialmente ligados a esta tierra y a los que conviven con cada uno de nosotros. No somos apátridas ni hemos nacido de las nubes, pertenecemos a una civilización, la occidental europea, cuyas raíces se extienden a milenios atrás, con unas características bien definidas, entre otras, la de la fe cristiana. Pertenecemos a una nación, España, cuya identidad está en entredicho continuamente. Y luego están las divisiones más pequeñas: la comunidad autónoma, la provincia, la comarca natural, el pueblo o la ciudad, y en último extremo, el barrio. Son tantas que a veces nos hacemos algo de lío, y poniendo el acento en las más pequeñas —cuya importancia es evidente— se nos olvidan las mayores, que son imprescindibles, más que nunca, en esta época de la globalización.

Por otra parte, está el extraordinario avance de la que hace unas décadas era la revolución informática abriendo unas perspectivas permanentemente insospechadas, que por ahora ha desembocado en la inteligencia artificial y cuyo futuro no nos es posible imaginar; todo un mundo tecnológico que va por delante de nuestra capacidad de asimilación y que siempre nos coge desprevenidos. Así ha sido siempre en la historia del hombre; lo que no ha sido siempre así es la aceleración de los cambios. Lástima que la razón y el pensamiento lógico no conozcan un desarrollo similar, sino un proceso contrario. Porque hemos pasado del culto a la diosa Razón, propio de los siglos XVII al XX, a su desprecio más absoluto. Hemos pasado, no se sabe muy bien cómo, de querer explicarlo todo con nuestra pequeña cabeza, Dios incluido, a usarla muy poco, o casi nada. Algunos de los pensadores que estudian nuestra época vienen a coincidir en que la causa está en que hemos abandonado el uso del intelecto en favor del emotivismo. Seguramente que esta explicación es cierta, pero insuficiente.

Creemos que de lo que hemos pasado, en gran medida, es de conducirnos con una cabeza y un corazón bien ordenados a dejarnos conducir por los caprichos y los instintos (hago lo que me gusta, lo que me apetece, dicho castizamente, lo que me da la gana), movidos por una sensiblería superficial y casquivana, que es cosa distinta a los sentimientos nobles y hondos. Y no es cuestión de ver con qué nos quedamos, si con la cabeza o con el corazón; nos quedamos con las dos cosas, que las dos son bien importantes, cada una jugando su papel. El ejemplo del coche puede ser útil. Nadie se pregunta qué elige de un coche, si el motor o la dirección, porque ambos elementos son imprescindibles. En la persona, el motor sería los sentimientos, nuestros deseos más profundos, lo que nos mueve a actuar. Y la dirección sería la cabeza, la que gobierna y conduce todo el vehículo, o sea toda la persona.

Por eso tenemos que preguntarnos dos cosas: una, qué características ha de tener el hombre nuevo que la educación tiene el encargo de sacar adelante, y dos, qué hay que pedirle a la educación y a las instituciones educativas —la primera, la familia— para hacer frente a esta nueva situación. A ello pretendemos dedicarnos ampliamente en los próximos artículos.

4. La novedad radical del ser personal. Seres únicos e irremplazables

Estamos tratando de ver qué debe caracterizar a este hombre nuevo y qué hay que pedirle a la educación en este momento. Lo primero, a nuestro juicio, es el convencimiento profundo de que cada persona es un ser nuevo, que ha de ser construido *de nueva planta*. La expresión *hombres nuevos* está legitimada desde el momento en que con cada nueva fecundación humana se pone en marcha una andadura personal hasta ese momento inexistente. No es solo que cada uno, tras nuestro nacimiento, veamos la luz por primera vez, sino que nuestra existencia personal es absolutamente nueva, única e irremplazable. Aquí está una de las grandezas del ser humano: en darse cuenta de que la existencia de cada hombre y de cada mujer, de cada niño, y de cada anciano es radicalmente nueva, y esto en varios sentidos.

1. Para justificar la educación personalizada se suele insistir, con relativa frecuencia, en que cada uno somos un ser único e irrepetible, lo cual es totalmente cierto. Ahora bien, el criterio que se suele manejar es más bien biológico, lo cual tampoco dice demasiado de la singularidad humana. Al aplicar este criterio el énfasis se pone en la singularidad biológica, según la cual cada uno somos absolutamente nuevos y distintos porque tenemos un código genético único y porque hemos nacido tras una gestación y tras un alumbramiento también únicos. Para que llegáramos a este mundo nuestra madre tuvo que romper aguas, es decir, tuvo que romper un molde singular, que había sido hecho exclusivamente para cada uno de nosotros. Ni nadie estuvo antes en él ni nadie puede volver a utilizarlo.

Ahora bien, estos aspectos, siendo importantes, tampoco expresan del todo la singularidad de cada persona. Lo mismo les ocurre a las plantas y a los animales. También vive una sola vez esta abeja, esa higuera, aquel elefante. Mientras dejemos a la naturaleza actuar según sus leyes y no nos dediquemos a reproducir animales clónicos, también los demás mamíferos han nacido en un molde exclusivo para cada uno de ellos, y también cada uno de ellos es absolutamente distinto de todos los demás de su misma especie. Cualquier pastor que se precie, conoce individualmente a sus ovejas y no confunde a dos de ellas por muy parecidas que le resulten a un extraño. ¿En dónde está, pues, la diferencia, que por otra parte vemos que existe entre la singularidad animal y la personal? En dos características que son específicamente humanas: la irremplazabilidad y la excelencia. Sobre la primera hablamos en este artículo, a la segunda tenemos intención de dedicar el próximo. Ambas nos remiten a nuestro ser espiritual. Somos personas porque somos más que cuerpos vivientes, cada uno somos también un alma espiritual que hace que nos proporcione una dignidad individual que sería imposible de justificar si nuestra persona y nuestra personalidad se agotaran en las fronteras de nuestro cuerpo.

2. La irremplazabilidad consiste en que cada uno ocupamos en este mundo un puesto que no puede ser ocupado por nadie más. Esto es así porque cada uno de nosotros, siendo un ejemplar de la especie humana, somos más que eso. Ser persona humana indica un tipo de existencia que se agota en cada individuo. Es verdad que cualquiera serviríamos —muy imperfectamente, pero serviríamos — para representar a la especie humana, pero es aún más verdad que cualquier hombre o mujer, en realidad solo somos ejemplares de nosotros mismos. Mi personalidad se agota en mí; puede influir y ser influida por la personalidad de mis prójimos, pero en su totalidad solamente puede ser vivida por mí, no es traspasable al modo como son traspasables las cosas.

El ser de cada cual se irá con él cuando abandone este mundo aun cuando deje tras él una estela luminosa de su paso por esta vida. Por eso nadie puede ser sustituido por otro. No nos referimos a los trabajos; las tareas que alguien realiza pueden ser desempeñadas por otras muchas personas, y, en muchos aspectos por medios tecnológicos que pueden realizar las mismas tareas con más eficacia, con más rapidez, con menor costo, etc. Pero no hablamos de esto, sino del puesto que ocupamos en la vida. Ese puesto no puede ser sustituido por nadie. En este sentido se puede decir que todos y cada uno somos imprescindibles. No venimos a resultar imprescindibles por lo que hacemos, pero sí por quienes somos.

En cualquier mesa de familia donde un hijo haya desaparecido, su hueco está presente, y si nace otro hijo, este último ocupa su sitio propio, pero no el del hijo ausente, aun cuando se siente en la silla del primero. Un árbol puede cambiarse por otro que dé mejores frutos y una vaca por otra que rinda más, pero a ningún padre le da lo mismo un hijo que otro, a nadie nos es indiferente este amigo o aquel, esta novia o esta otra, este esposo o esta esposa. Si en la educación institucional siguiéramos el mismo criterio de irremplazabilidad, ningún profesor, desde el momento que se le encomienda una clase, vería que tiene treinta alumnos, vería más bien que en su clase se reúnen treinta

personas absolutamente singulares, que tienen un puesto irreemplazable en este mundo, que van a vivir unas experiencias únicas y a recibir
unas huellas que experimentarán también como únicas.

Desde muy distintos foros se viene denunciando el individua-
lismo como una de las peores lacras de la sociedad actual. Es un
problema complejo que obedece a varias causas, y cuya solución no
es única. Ahora bien, si esta idea de que somos irreemplazables nos
calara hondo, sí habríamos andado un gran trecho para desterrarlo.
Si cada uno, primero para nosotros mismos, y después para nuestra
relación con los demás, viviéramos en la práctica lo que ya somos,
seres únicos e irreemplazables, aumentaría mucho, y sin esfuerzo, la
mirada respetuosa y la estima por el otro. Nos desprenderíamos de
muchos prejuicios que nos bloquean a la hora de convivir, a la hora
de participar en tareas comunes.

Si nos quisiéramos convencer de que nuestro puesto en el mundo
es único e irreemplazable se nos disiparían muchas perezas que nos
hacen ausentarnos de tantos sitios donde nuestra presencia es necesaria, aunque nos suponga incomodidades; en casos así caeríamos en
la cuenta de que cuando la persona falta, su hueco se nota. Si esta idea
de irreemplazabilidad nos empapara, advertiríamos con prontitud que
en este mundo no sobra nadie, y, pensando en ambientes más redu-
cidos, entenderíamos que en tal grupo no se está mejor cuando falta
fulanito o menganita; puede que sin él o sin ella funcionemos mejor
o estemos más tranquilos, pero si su sitio es este, su ausencia no es
buena para nadie, aunque su carácter sea un incordio, o su comportamiento deje mucho que desear. Si su sitio es tal familia o tal grupo,
su presencia y su papel son tan necesarios como los de los demás.

5. Todos excelentes

Llevamos una serie de artículos que quizá puedan resultar demasiado teóricos, pero entendemos que son claves para enfocar la educación con ciertas garantías. Al menos, así nos lo parece. Estamos
ahondando en el concepto de persona y esta tarea, aunque resulte

algo árida, es de capital importancia. La educación es una actividad práctica, que se resuelve en actividades, en tareas que se hacen y no en cosas que se saben. Cierto. Pero a la vez, también es cierto que toda práctica debe estar sustentada y alimentada por unos principios teóricos que son las líneas directrices que fundamentan y orientan la práctica diaria. Sin un buen armazón teórico nos podemos encontrar haciendo muchas cosas cuya eficacia educativa no deberíamos dar por supuesta. Muchos de los males que aquejan a la educación tienen su raíz aquí, en que se desprecia la teoría pedagógica como si la teoría fuera una colección de ideas inservibles en el día a día. Y no es así.

La educación, entendida como conjunto de tareas, es comparable a una construcción: diversas actividades encaminadas a edificar algo, en nuestro caso una persona, que, partiendo de un grado de imperfección muy elevado, va pasando, poco a poco, a situaciones de madurez cada vez mayores. Esta labor no es puntual, sino que es un proceso largo y lento, como lo es todo proceso de maduración: una fruta, un vino, un embutido, la sanación de una herida, etc. Se requiere tiempo, paciencia y propiciar las condiciones óptimas de maduración. La tarea del educador es delicada porque no puede ni forzar ni dilatar la maduración, y ha de saber que esta no se produce desde fuera hacia dentro, sino de dentro hacia fuera. No podemos actuar sino desde fuera, pero el perfeccionamiento se produce por dentro. Educar supone formar, pero la formación no se puede entender como dar forma externa a las personas, sino ayudar a crecer por dentro, sabiendo que si hay crecimiento y maduración internos eso se notará desde el exterior, pero no al revés.

Pues bien, si lo que el educador ha de hacer es ayudar a las personas, no es ocioso que conozca el objeto de su actuación. No está de más, pensamos, que quienes nos dedicamos a educar, padres y maestros, poseamos una cultura personalista amplia. Colaborar en este campo, compartiendo algunas ideas con vosotros, lectores, es el propósito de estos artículos. En el anterior veíamos algunas características de los seres personales que son claves para entender qué es un ser humano. Decíamos que cada persona es un ser único, irrepetible e irremplazable. Hoy vamos a ahondar un poco más para fijarnos en que cada persona, además de ser un ser único, irrepetible e irremplazable, además, es un ser excelente. No solo es que cada una de las personas poseemos una dignidad elevada, sino que además todos y cada uno somos eminentes. Cada persona, por el hecho de serlo, es un ser eminente, superior en algo a todos los que le rodean.

3. Los hombres somos seres dignos por doble motivo: porque somos hombres y porque cada uno es persona. Somos excelentes en cuanto que pertenecemos al género humano, y en cuanto que somos personas. Ambas cosas parecen lo mismo, porque no se puede ser hombre o mujer y no ser persona, pero se trata de enfoques distintos. El hecho de pertenecer al género humano responde a la pregunta qué somos los hombres; el hecho de ser persona (Laura, Óscar, María...) responde a la pregunta sobre quién es cada individuo. Pues bien, por las dos cosas somos excelentes, por ser hombres y por ser personas, pero especialmente por la segunda.

Por ser miembros del género humano pertenecemos a una especie sublime. Los seres humanos constituimos una de las especies de seres vivos que poblamos este mundo, pero no somos una especie más[2]. Poseemos una superioridad indiscutible, gracias a la cual dominamos el mundo. Y no porque seamos más fuertes, que no lo somos, sino porque poseemos una perfección (que reside en el cuerpo y en el alma) que no es posible encontrar en ninguna otra especie. En la naturaleza podemos observar animales mucho más fuertes que nosotros, más veloces, más ágiles, más vistosos, incluso más longevos. Pero ninguno de todos ellos son seres espirituales como

---

[2] Decir que el hombre no es una especie más entre los seres vivos es tan evidente que necesita pocas explicaciones, pero pensamos que no está de más recordarla en un momento como el actual en el que una buena parte de la humanidad está sufriendo mayores carencias que muchos animales: alimentación, vivienda, salud, derechos, etc.

lo es el hombre, a ninguno se le ha concedido la inteligencia como al hombre y por eso con ningún otro ser vivo, que no sea otra persona, podemos entendernos razonando. Estamos situados en la cumbre de la creación material, toda ella ha sido dispuesta para nosotros, y a la vez participamos de la no material, de la cual, en cierto sentido, también cabe decir lo mismo, que ha sido hecha para nosotros.

Pero la excelencia personal apunta más alto todavía. Si ya poseemos una superioridad elevada por ser miembros del género humano, nuestra excelencia se eleva más aún por ser personas. Esta característica de la excelencia nos habla en voz alta del alma humana. Todos y cada uno somos excelentes porque cada alma humana ha sido creada por Dios de forma directa. hemos sido pensados personalmente por Dios (digamos de paso que, sin referirnos a Dios, todo lo que se pueda decir del alma humana se agota pronto). Esta idea de que hemos sido pensados por Dios está cargada de contenido, porque siendo todos iguales en dignidad por ser hombres, a la vez somos todos distintos por ser personas.

Y ser distintos, desde Dios, no significa que unos somos mejores y otros peores; no es que al crearnos unos le hayamos salido bien y otros menos bien, como a un alfarero sus cacharros, porque Dios no se ha equivocado con nadie. Al contrario, Dios se ha lucido en cada uno. Esto quiere decir que a cada persona nos ha dotado de ciertos rasgos y ciertos dones superiores a los que tienen las demás personas que nos rodean. Esto puede parecer una exageración y quizás una conclusión extraña, desde el momento que vemos que hay personas que destacan y otras que no, unas que brillan mucho y otras poco, o nada; es más, parece deducirse lo contrario en el caso de personas con deficiencias notables. Pero nótese que hablamos de «ciertos rasgos y ciertos dones», no estamos diciendo que cada uno seamos más inteligentes, más fuertes o más guapos que todos los demás, porque eso está claro que sería falso. Lo que sí decimos es que cada hombre o mujer tiene ciertas capacidades que le hacen ser superior a los demás «en algo». Aquí radica uno de los puntos clave de la grandeza y de la dignidad de la persona humana, de toda persona humana. Este es el sentido profundo de la excelencia y de la valía de cada hombre y de cada mujer, de cada niño y de cada anciano: que todos somos portadores de una riqueza personal única.

Dos consecuencias nos llaman la atención de esta realidad: una, los horizontes educativos que se nos abren, y dos, la necesidad e importancia de la vida comunitaria. Hoy nos limitamos a comentar solo la primera, dejando la segunda para el próximo artículo.

En el primer caso se advierte fácilmente la idea de que la educación no está (no debería estar) para uniformar a los individuos, sino para descubrir y promocionar lo más personal de cada uno. Uno destacará por su memoria, otro por su inteligencia, otro por su simpatía; este por su sentido del humor, aquel por su bondad natural, por su capacidad de escucha, por su destreza manual, por su facilidad para el canto, por la energía de su carácter, etc., etc., etc. Estas ideas no tienen nada de nuevas[3], pero ni a la educación institucional ni a la mayor parte de la sociedad parecen importarle gran cosa. Socialmente hemos hecho una clasificación de profesiones no escrita, pero que todos sabemos que está ahí, según la cual se prestigian aquellos oficios para los cuales hay que estar muy bien dotado de razonamiento abstracto, de memoria, o de cualidades físicas o artísticas excepcionales. En consecuencia, hemos montado un sistema educativo que potencia las capacidades que van a conducir a las profesiones socialmente brillantes, al tiempo que descuida las demás. Con este planteamiento, ¿de qué le vale a alguien tener gran capacidad de escucha y de acogida, por ejemplo, si anda escaso de memoria o de razonamiento abstracto?

Con esa capacidad de acogida probablemente no hará ninguna carrera de prestigio, si es que logra salir adelante en sus estudios.

---

[3] Esta idea de la superioridad "en algo" de cada persona está tomada de la Suma de Teología de Sto. Tomás de Aquino (parte II-II, cuestión 103, artículo 2, respuesta 3ª), el cual la fundamenta en una cita de la Sagrada Escritura (Flp 2,3). Puede verse también Rom 12, 10.

Ciertamente nuestro mundo necesita de hombres y mujeres cualificados en todas las ramas del saber, hombres y mujeres de letras, científicos y deportistas de ambos sexos, técnicos y artistas; pero, sobre todo, necesita de hombres y mujeres virtuosos, responsables y alegres. No todos necesitamos un informático al lado, pero sí necesitamos quien nos escuche y nos quiera. No todos necesitamos una abogada en nuestra casa, pero sí necesitamos una madre que ejerza como tal. En nuestra vida ordinaria podemos pasar sin relacionarnos con un actor de cine, pero no podemos pasar sin hermanos o amigos. La sociedad en su conjunto no puede prescindir de ninguna profesión, pero a los individuos y las familias les hace más falta el contacto con las grandes personas que con los profesionales cualificados. Con esto no se está diciendo nada en contra del trabajo de la mujer soltera o casada, o contra la formación intelectual de hombres o de mujeres; al contrario, cuanto más elevada sea y más extendida esté en unos y en otras tanto mejor. Contra lo que sí estamos es contra el achicamiento y el desprestigio que sufren muchas personas y muchas tareas o profesiones porque para ellas no se requiere una gran cualificación o un alto coeficiente de inteligencia. Esto es lo que ocurre en muchos casos, por ejemplo, con el hecho de ser madre sin tener otra ocupación que la casa, o tener un hijo poco inteligente, que parece como si fueran una desgracia, cuando con toda seguridad, tal mujer o tal hijo, poseen unas capacidades naturales a las que nadie pondrá nunca un sobresaliente, pero que son tanto o más válidas que la inteligencia; por ejemplo, la capacidad de servir a los demás en múltiples aspectos, de hacer la vida feliz a los más cercanos, etc.

Para terminar, una sola palabra respecto a las personas con deficiencias congénitas. La pregunta es obligada: ¿cómo se puede decir, sin faltar a la verdad, que tal persona es superior a los demás?, ¿dónde está su excelencia? En dos aspectos: en su misma existencia y en el enorme influjo que ejercen en las personas que les rodean. Si a alguien le cuesta aceptar el primer aspecto puede quedarse solo con el segundo. Los miembros de cualquier familia en la que uno de ellos está en esta situación, pero especialmente los padres, saben hasta dónde esa persona ha sido capaz de transformar sus vidas. Ese hijo, ese precisamente, el menos capacitado, y solo él, ha sido capaz de generar unas actitudes y unos sentimientos que los mismos padres quizá ni siquiera sabían que los tenían. Esa hija, y solo ella, han propiciado unas virtudes en la familia que nadie más en el mundo habría sido capaz de generar. Y es que, con palabras tomadas de *El Principito*, «lo esencial es invisible a los ojos».

6. Seres creativos

En el artículo que precede a este nos detuvimos en la primera consecuencia educativa de la excelencia personal, y veíamos cómo el gran reto de la educación personalizada es precisamente este: el saber descubrir cuáles son los talentos de cada individuo para favorecer su desarrollo y las distintas dimensiones de su vocación personal en esta vida.

La segunda consecuencia tiene que ver con la importancia y con la necesidad de la vida comunitaria. De aquí se pueden señalar dos aspectos: uno, la enorme riqueza de todo grupo humano normalmente constituido; y dos, la absoluta necesidad de participar de algún tipo de vida en común.

El primer aspecto es de una riqueza en cierto modo sobrecogedora, porque si toda persona es excelente «en algo», nótese lo que puede ser un conjunto de excelencias funcionando de manera conjunta y armónica. Una familia, un grupo de amigos, una comunidad o asociación del tipo que sea, donde todos se estimulan y se enriquecen mutuamente con la contribución positiva de todos los demás. Una auténtica maravilla, tantas veces estropeada, e incluso abortada, por posturas negativas, como son el estar más centrados en los errores ajenos que en las cualidades, el dejarse morder por la envidia cuando la excelencia ajena brilla más que la propia (y eso sabiendo que las excelencias no pueden competir entre sí porque son todas distintas), el introducir comparaciones entre las personas, que, por la misma razón, están siempre mal planteadas.

El segundo aspecto por el cual entendemos que la vida comunitaria tiene que ver con la excelencia personal es que el descubrimiento de las cualidades individuales sería muy difícil, y en ocasiones imposible, sin el contraste con los demás. Hay capacidades que no se pueden descubrir ni desarrollar en solitario, como pueden ser, por poner un par de ejemplos, todas las que desarrolla el teatro (que son muchas) o todas las que tienen relación con la práctica de los deportes de equipo. En estos casos se ve muy claro, pero es igual de claro en actividades individuales. A uno le puede parecer que tiene una gran capacidad, por ejemplo, para el salto de longitud, pero esa capacidad no se revelará como verdadera hasta que no se mida con la de otros atletas. Es necesario ver cuánto saltan otros para que el individuo sepa cuál es la medida real de sus capacidades. Las referencias ajenas son absolutamente imprescindibles para saber de sí mismo, y lo es también el ambiente.

El ambiente es el terreno donde germinan y se desarrollan las cualidades personales, o, por el contrario, se quedan en estado de latencia o incluso se atrofian. El ambiente condiciona de tal modo que configura en buena medida nuestra personalidad con los rasgos que provienen del entorno. Solo desde una madurez muy probada y muy curtida se puede huir del ambiente o se puede intentar su modificación ¡Cuándo nos daremos cuenta, unos y otros, de la importancia de este principio! ¡Cuántas energías y cuánto trabajo se nos quedan infecundos a los educadores porque no hemos sabido crear, en la casa o en el aula, el ambiente adecuado en el que verter nuestras enseñanzas!

No son raras las sorpresas que se llevan muchos padres cuando descubren que sus hijos manifiestan fuera de casa habilidades que para ellos eran totalmente desconocidas. Hijos que no hablan nada en casa resulta que luego son enormemente locuaces, o que jamás contarían un chiste en familia, se entera uno —con enorme decepción— de que son tenidos por animadores entre sus amigos, porque allí han encontrado un ambiente favorable. ¡Los maestros podríamos poner tantos ejemplos de alumnos con historial académico muy pobre que luego resultan magníficos profesionales en su ramo! Esto quiere decir que debemos abrir mucho las puertas y las expectativas para toda persona. Hay que dar oportunidades, y hay que ser muy prudentes para no desacreditar ninguna capacidad delante de nuestros niños. Un prejuicio manifestado en voz alta, por ejemplo, respecto a la música, puede bloquear a un músico en potencia, aun cuando no pase de gustar de la música por afición. Con esto no estamos diciendo que todos tengamos que probarlo todo para ver qué nos gusta, porque el abanico de profesiones y aficiones es tan enorme que nos volveríamos locos si tuviéramos que intentar acercarnos a todo lo que el mercado ofrece. No es cuestión de vivir inquietos y de querer hacerlo todo y aprenderlo todo. Tampoco es cuestión de empezar muchas cosas y no terminar ninguna, pero sí es cuestión, para los educadores, de tener los ojos bien abiertos y ver por dónde apunta cada uno. Hoy, gracias a Dios, en nuestra sociedad no es problema de medios.

El gran descubrimiento de la persona y de sus capacidades a veces ocurre en la infancia, pero más bien suele ser en la adolescencia, por eso conviene que le dediquemos algunas líneas. Sin vida social estimulante no se puede vivir, y si uno no la tiene como debe, se la inventa como puede, o se toma la que se le ofrece por cualquier sitio. De ningún muchacho de 15 o 16 años se puede esperar que actúe contra corriente de lo que es habitual entre sus amigos, porque la pertenencia a un grupo es absolutamente necesaria. Con esto no se justifica, pero sí se explica, el comportamiento chocante de muchos adolescentes, que eran una preciosidad de niños y a quienes luego vemos en peligro de adentrarse, o adentrados, por caminos extraños. No podemos estar sofocando todos los brotes propios de la inmadurez de un adolescente desde posturas continuas de rechazo, incluso con el ridículo o la humillación porque nos parezcan bobadas, aunque objetivamente lo sean, porque eso es ir contra una de las capacidades específicamente humanas, que es la creatividad.

El primer principio que la creatividad exige es tomar en consideración, al menos inicialmente, toda idea, por rara que parezca. Si nos fijáramos más en el «libro» de la naturaleza, y estuviéramos abiertos a aprender de la sabiduría que tal libro encierra, veríamos cómo en el orden natural para que haya un solo logro positivo son necesarios muchos intentos fallidos y se pierden muchas semillas. La naturaleza es de una prodigalidad casi increíble y muestra con mucha evidencia que no ahorra energías para obtener resultados positivos. Observemos, por ejemplo, la reproducción humana. Una persona es el resultado de una fecundación en la que una sola célula femenina ha sido fecundada por una sola célula masculina. Pero para que eso ocurra, el varón, en el acto reproductor, ha depositado unos trescientos millones de espermatozoides, lo cual quiere decir que cientos de millones de ellos no han servido para nada. ¿De verdad que no han servido para nada? Relativamente. Sí han servido para establecer una selección rigurosa y permitir que el mejor dotado, imponiéndose a los demás en dura competición, pudiese fecundar al óvulo, cumpliendo así su objetivo.

En los centros de diseño e investigación para que una idea cuaje ha habido que desechar miles (así nació y en esto se basa la técnica de dinámica de grupos conocida como el *braimstorming* o lluvia de ideas). Si somos negativos o si nuestro enfoque se queda solo en la corta distancia, sin ver más allá de lo inmediato, nuestros ojos percibirán no más que los cientos de bobadas y de impertinencias de nuestro adolescente, pero si sabemos profundizar y somos capaces de trascender las apariencias, veremos que todo ese repertorio de excentricidades no son otra cosa que el conjunto de intentonas fallidas de quien empieza a pensar por sí mismo, las cuales, pasado algún tiempo, el propio adolescente desestimará al darse cuenta de su invalidez. Gracias a tantas «tonterías», a todas esas conversaciones insustanciales, a su montón de ideas ciertamente inútiles, nuestros quinceañeros y quinceañeras están conociéndose y descubriéndose, y gracias a que la mayor parte son inservibles podrán ir depurando y construyendo su personalidad, si es que encuentran un ambiente de aceptación personal y de acogida, en el cual haya alguien que les ayude en esa incómoda tarea. Con ello tampoco queremos decir que haya que dar por bueno lo que no lo sea, y que no haya que llamar a las cosas por su nombre —¿cómo no vamos a corregir los errores o las torpezas?—, pero habrá que hacerlo en todo caso desde una postura de ayuda positiva, sabiendo y entendiendo qué es lo que está ocurriendo en el interior de la persona.

7. Hombres y mujeres nuevos, limpios, fuertes. El problema de la violencia y sus raíces (I)

Decir que la educación está para hacer hombres y mujeres nuevos nos empuja a pensar en la idea de que tiene que hacer, o contribuir a hacer, hombres y mujeres limpios. Vivimos en un mundo contaminado en exceso. Si los movimientos ecológicos —históricamente muy recientes— no hubieran aparecido, habría que haberlos inventado. La desaparición de algunas especies de animales y plantas, la degradación de las condiciones naturales de tantos hábitats y el aumento progresivo de la contaminación ambiental no son cuestiones intrascendentes. Es verdad que dentro del mundo del ecologismo hay de todo: desde grupos que se dedican a hacer poco más que mucho ruido, a otros que se han tomado muy en serio la degradación del medio natural, han ayudado a concienciar al grueso de la sociedad y han aportado soluciones trabajando mucho. Gracias a estos últimos la ecología está bien vista. La ecología, además de una ciencia, es un valor que cotiza alto, un valor que suscita múltiples adhesiones. La sensibilización social y política hacia el mundo de la naturaleza es hoy un hecho. La educación, como no podía ser de otro modo, también ha respondido desde campos diversos a este problema, y en el momento actual es uno de los temas punteros, un tema, que concita, como pocos, gran benevolencia entre diversas personas y sectores del mundo de la educación.

Esta contaminación de la que hablamos es una contaminación externa y es tanto más preocupante cuanto más afecta a las personas, especialmente a la salud. Ahora bien, siendo ciertamente importante, y sin quitar un ápice a la atención que merece, conviene fijarse en otro tipo de contaminación que también padecemos, que solamente afecta a la especie humana y que a su vez es la causa de la contaminación externa. Nos referimos a la que podríamos denominar *contaminación interna*, y con ella apuntamos directamente a la contaminación de la mente y del corazón.

Es un problema escasamente denunciado, que afecta a la interioridad del ser humano y cuyos efectos son patentes en la extensa nómina de lacras individuales y sociales que sufrimos. Hablar de contaminación de la mente o del corazón no es ninguna exageración en un mundo y en una sociedad donde sobran demasiados intereses turbios y egoístas. Hablar así tampoco es adoptar posturas catastrofistas ni situarse en línea con el pesimismo dominante en los informativos televisivos habituales. El educador que no quiera cerrar los ojos ante la realidad ambiental que rodea a sus hijos o alumnos, no puede por menos de reconocer la existencia de un clima social contaminado y contaminante, y no para refugiarnos en estériles lamentos, sino para inmunizar contra él y proceder a la recuperación de los afectados en la medida en que se pueda. Reconocer que respiramos en un ambiente contaminado es el primer paso para prevenir o subsanar sus consecuencias dañosas. No es el único paso, pero sí es el primero.

De entre los contaminantes que intoxican el corazón y la mente hay que señalar explícitamente dos que suelen preocupar —al menos eso dicen— a los responsables educativos: *la violencia y la pornografía*. A estos hay que añadir un tercero que parece inquietar menos pero que se sitúa en línea con los anteriores. Nos referimos al *excesivo deseo de posesión*. El primero, el problema de la violencia, parece muy claro; el segundo, la pornografía, sabemos que es dañoso, pero quizás no nos parezca tanto como el de la violencia; el tercero, el excesivo deseo de posesión, pasa desapercibido; son muchas las personas a quienes no les parece tal problema.

El problema de la violencia y sus raíces

Dos aclaraciones son necesarias. Una es la diferenciación entre violencia y fuerza, otra la diversificación entre los distintos tipos de violencia. Respecto a la primera hay que decir que violencia y fuerza responden a conceptos relacionados pero distintos. Violencia viene de *violentia*, que tiene la misma raíz que *violare*, violar, que es siempre una actuación indeseable y negativa. Cada violación es un atropello, una ruptura no deseada en el recto orden de las cosas o en la intimidad de las personas. Una violación puede llevarse a cabo haciendo uso de la fuerza o de la astucia y puede referirse a personas, hechos o situaciones. Se puede violar una norma, un secreto, un derecho de la persona y se puede violar a la persona misma. En todo caso supone desprecio hacia la cosa y humillación hacia la persona, por eso se dice que la violación es siempre una actuación indeseable. De la fuerza no se puede decir lo mismo. Fuerza viene de *fortia*, que indica fortaleza, lugar seguro. La fuerza no es un hecho sino una capacidad; una capacidad resolutiva que da seguridad. Tiene el mismo significado que vigor o poder, y sirve del mismo modo para indicar una capacidad física que una capacidad espiritual. En este segundo sentido se habla de la fuerza de un pensamiento, de una doctrina, etc. Por ser una capacidad, la fuerza es un medio y su bondad o maldad no está en sí misma sino en el uso que se haga de ella. Si la violencia es en todo caso detestable, la fuerza no, incluso tiene carácter de virtud bajo el significado de fortaleza. La violencia nunca puede invocarse al servicio del bien, porque es intrínsecamente humillante, pero con la fuerza no ocurre así. Por eso está más que justificado plantearse como objetivo educativo el hacer de los niños y niñas hombres y mujeres fuertes, no solo en el aspecto de fuerza física, que también, sino en los aspectos de dominio de sí, de firmeza en las convicciones y determinación para luchar por conseguir el bien y evitar o desterrar el mal.

Uno de los rasgos positivos de nuestra época es el pacifismo. Quizá en ningún otro momento de la historia como en el siglo xx, las guerras hayan sido tan crueles y las amenazas de destrucción tan

escalofriantes. Sea por los riesgos de destrucción masiva y de heca-
tombe, sea por el influjo de líderes como Gandhi, el santo papa Juan
XXIII o Luther King, el antimilitarismo y los movimientos pacifistas
han despertado la admiración y la adhesión de muchos. Quizá nunca como en esta época los ejércitos han conocido un desprestigio
tan considerable. Ocurre sin embargo que, si no distinguimos entre
fuerza y violencia, podemos caer en el error de que el rechazo de la
segunda se aplique también a la primera, y se acabe por despreciar
y condenar una capacidad humana tan noble como es la fuerza, a
la que se puede sacar mucho partido en beneficio de la persona.

El interés que la educación puede tener por la fuerza va desde la
educación física a la educación moral. Desatender o menospreciar
la fuerza física está en clara contradicción con las prácticas deporti-
vas, tan necesarias para la formación de niños y jóvenes. Desatender
o menospreciar la fuerza moral, en el sentido de que se ha señalado
de fortaleza es ignorar qué es la educación y para qué sirve. Nadie
puede pretender llegar a la madurez psicológica desde la debilidad
de carácter ni desde la flojera personal. Cada individuo para sí, y la
sociedad para su conjunto, necesitan de personalidades recias, que
no se derrumben al menor contratiempo y esto solo es posible si
concurren el valor y el cultivo de la fuerza, de la fuerza del cuerpo y
sobre todo de la fuerza del espíritu, que es la fuerza moral. En aras
de la paz o del pacifismo no se puede invocar la debilidad.

8. El problema de la violencia y sus raíces (y II)

Es un dato evidente que la violencia está presente en la vida de
muchas personas. Hay estadísticas escalofriantes sobre la cantidad de
acciones violentas que ha presenciado un televidente medio al cabo
de un año. Ahí está el problema de la violencia doméstica que afecta a
una importante minoría de niños, jóvenes y mujeres. Ahí está la violencia del mundo del deporte, asociada a él como un parásito extraño
e incómodo. Y ahí está la violencia real, diaria, de los informativos,
y la violencia inventada, también diaria, de anuncios, películas y di-

bujos animados que nos afecta a todos. Esta es la violencia sensible, la que entra por los ojos, la que se ve, la que nos llega en forma de actos violentos. Estamos ante una cuestión espinosa que presenta varias caras y en la que se mezclan muchas ideas. En un intento de ordenarlas de algún modo, las hemos estructurado en seis bloques.

1. Las escenas violentas que se nos ofrecen con tanta frecuencia, no son otra cosa que las manifestaciones externas de un problema que tiene raíces ocultas e internas, que no se ven, pero que son las que dan vida a esas manifestaciones violentas. Si para juzgar el problema de la violencia nos limitáramos a quedarnos en los actos violentos, no iríamos más allá de la cáscara del problema, no llegaríamos a descubrir esas raíces escondidas, y, en consecuencia, no podríamos atajarla allí donde se genera. Interesa, pues, que intentemos, siquiera sea brevemente, tratar de encontrar las fuentes de la violencia. Un buen camino es recurrir a las actitudes. Cualquier acto que se realiza de manera consciente —y muchos de manera inconsciente— está precedido de actitudes. Una actitud es una disposición del sujeto a actuar de una manera determinada. Antes de actuar, nuestra conducta ya está pre-orientada por las actitudes que cada uno poseemos. Aquí hay que preguntarse cómo puede una persona poseer de antemano actitudes violentas, de dónde las saca.

La respuesta es doble: las actitudes violentas se generan tanto dentro como fuera de la persona. En el interior de cada persona anida una especie de autocentramiento egoísta que no admite que los deseos no se cumplan. Los primeros asomos de que esta tendencia egoísta genera violencia aparecen con las primeras pataletas infantiles. Estas no son otra cosa que escenas de violencia desatada en forma de llantos y forcejeos por parte de quien no ve cumplidos sus deseos. A medida que la persona crece y la educación actúa, es relativamente viable hacer comprender que ese no es el método adecuado (ese método se llama chantaje) para conseguir las cosas. Si la educación no actúa, el resultado es que la persona no distingue el bien objetivo (lo que está bien) del subjetivo (lo que a mí me apetece), con lo cual irá cristalizando la idea de que «lo bueno» es solamente aquello que redunda en la propia satisfacción. Calderón de la Barca, en *La vida es sueño*, definió esta situación con agudeza poética cuando pone en labios de Segismundo lo siguiente: «nada me parece justo, en siendo contra mi gusto».

Por lo que se refiere a la fuente externa, hay que decir que las actitudes violentas se adquieren por aprendizaje de modelos violentos. Como en cualquier tipo de aprendizaje, los modelos de las personas que nos rodean son los que marcan la huella más profunda, pero también están los modelos televisivos. Estos modelos, aunque tengan menor valor que el contacto personal directo, no son inocuos, aunque las escenas violentas vengan adornadas de gran espectacularidad o, lo que es peor, justificadas para hacer el bien. La violencia de los «buenos» de las películas no deja de ser violencia.

2. Si la educación no actúa a tiempo y correctamente, y las actitudes violentas no se corrigen, o incluso se fomentan, lo propio es que estas actitudes desemboquen en el desprecio por la persona del otro. En este caso estamos ante una lacra de raíz antipersonal que emparenta fácilmente con el odio, con la envidia y con la tristeza.

La violencia está emparentada con el odio y con la envidia porque estas son las actitudes propias de quien desconoce o se niega a aceptar que cualquier persona es un bien, el bien mayor de entre los que nos son dados en este mundo. El odio y la envidia son actitudes antipersonales, más aún, antiexistenciales. El odio y la envidia, como el amor, admiten grados, pero aún en sus formas más suaves hacen que quien ha caído presa de ellos esté incómodo y nervioso, no tanto por lo que el otro diga o haga, sino porque el otro es, porque existe. A quien envidia y odia le molesta el ser del otro, más aún que sus actos o sus palabras. Necesitamos ¡con urgencia! educar en el descubrimiento y en la estima por el otro, porque al descubrir la existencia del otro uno se reconoce a sí mismo; y viceversa. No se trata tanto de un bien que hago, cuanto de un bien que recibo. El mandamiento de «amar al prójimo como uno mismo» queda justificado, desde esta perspectiva, no ya por su dimensión moral, sino por su dimensión psicológica, es decir, no como una obligación externa sino como una necesidad interna del sujeto. Con otras palabras: el primer beneficiado del mandato *amarás al prójimo como a ti mismo* es el «ti mismo». Entender que es bueno que el otro esté ahí es imprescindible para entender que es bueno que yo esté aquí. Y al revés: si caigo en la trampa de creer que el otro, por definición, es mi adversario, alguien que estorba mi desarrollo personal, es lógico que surja el recelo y el odio. De caer en esta trampa nadie estamos libres, pero llamemos a las cosas por su nombre y entendamos que es una trampa. ¿Cuándo nos convenceremos de que cada persona somos un don para quienes nos rodean? A veces un don un tanto engorroso e incómodo; pero, en principio, el otro no es mi enemigo, sino mi espejo: al mirarle a él me estoy encontrando conmigo mismo.

3. Aquí hay que hacer un alto para matizar lo siguiente: lo que se acaba de decir nos sirve «en principio», pero según y cómo. Porque también hay que decir que, en educación, para espejo no vale cualquier tú, hace falta que sea un *tú valioso*, cercano y asequible. Y no tanto porque sea o no imitable, que en muchísimos aspectos no lo será, sino porque sea alguien de fácil acceso y además esté disponible. El *tú valioso* es de una importancia y de una influencia enorme porque descubre al yo posibilidades de perfección con las que este quizá ni soñó, pero que, al encontrarlas personalizadas en alguien concreto, se muestran como asequibles. ¿Quién es el tú valioso, y cómo se encuentra? La ecología de la especie humana ha dispuesto la solución natural a esta búsqueda del tú valioso. La inmadurez propia de la infancia le presenta al niño como tú valioso a cualquiera de sus educadores, fundamentalmente las figuras paterna y materna, y de entre estas la madre, lo cual habla abiertamente de la importancia de un adecuado ejercicio de las funciones de la paternidad y la maternidad.

4. Quizá nadie tenga en su mano la receta para inmunizar contra la violencia. Pero es mucho lo que se puede hacer educando para el encuentro con el otro. Para ello es absolutamente urgente la existencia

de personalidades ricas que, desde el estatus propio del educador, se constituyan en túes valiosos, capaces de generar actitudes positivas hacia el propio yo, de autoaceptación y de autoestima. El punto de partida es este: el autoconocimiento y la autoestima. Estos no son la meta, no se constituyen en punto de llegada, pero sí en punto de partida, y esto se debe a que el conocimiento de sí mismo y del mundo no son dos realidades distintas, o dos procesos distintos, sino dos vertientes de un único proceso. La persona se descubre y descubre el mundo al mismo tiempo. El mundo, en principio, no es sino una proyección del yo, y al tiempo, el yo se reconoce como tal al mirar al mundo y ver que forma parte de él. Por eso ver al mundo en positivo es verse a sí mismo en positivo. Conseguida una imagen favorable y benevolente de sí mismo se puede inducir al encuentro con el otro en condiciones de igualdad, pero no antes. Nadie que tenga un menguado concepto de sí mismo buscará encontrarse con los demás porque no tiene nada que ofrecer. Un encuentro así no enriquece al desvalido, sino que lo humilla, encerrándolo más en sí mismo. Así se explica que los individuos marginados se busquen y se encuentren unos a otros con una facilidad pasmosa. No pueden darse nada unos a otros, pero estas carencias fundamentales les igualan, haciendo tabla rasa entre ellos.

5. La violencia como actitud encuentra un caldo de cultivo óptimo en una sociedad competitiva, porque la competitividad no tiene como objetivos producir encuentros personales auténticos sino la consecución del triunfo independientemente de los medios que se necesiten para su logro. En el mundo del deporte esto es evidente. No es la búsqueda de la victoria con espíritu heroico o deportivo, sino la victoria a cualquier precio. La deportividad conlleva la aceptación de la derrota si se produce, y eso supone el reconocimiento previo de la posible superioridad del rival, lo cual exige hacia él actitudes de valoración y de respeto. En cambio, cuando solo se admite la posibilidad de triunfo, al rival no se le ve como contrincante, sino que se le desprecia ya de antemano como perdedor. De este modo se atropella con cualquier cosa, persona o situación que obstaculice el triunfo.

6. Las actitudes violentas generan otro tipo de violencia, la violencia del lenguaje. El lenguaje violento es el lenguaje del descaro, de la afrenta y del insulto. El lenguaje es el vehículo expresivo del pensamiento, la ventana abierta por donde asoman las intenciones y las disposiciones interiores. Cuando estas son de desprecio, la traducción práctica es el lenguaje soez o altanero. Pero el camino que une lenguaje y pensamiento es de ida y vuelta. Si por una parte el lenguaje es el vehículo de las ideas que la mente elabora, por otra, la mente no puede elaborar más ideas que las que le sean permitidas por los recursos lingüísticos del individuo. Es decir, si por una parte es cierto que hablamos según pensamos, por otra también lo es que pensamos según hablamos. Si un pensamiento turbio o egoísta genera el empleo de un lenguaje violento, el uso de este actúa recíprocamente, siendo origen de pensamientos innobles. Ambas dimensiones, pensamiento y lenguaje, pueden ennoblecer o envilecer al ser humano porque se dirigen a sus valores superiores. Por lo que respecta al lenguaje y a las actitudes, cuando están cargados violencia, intoxican la mente y el corazón del hombre desde el momento en que sustituyen la idea y la palabra valiosa por sus contrarios, incapacitando para el conocimiento del bien y para la generación de bondad.

9. El problema de la pornografía (I)

El modelo de hombre que proponemos como ideal, el hombre nuevo, decíamos en el artículo *«El problema de la violencia y sus raíces (I)»*, está amenazado al menos por tres contaminantes: la violencia, la pornografía y el excesivo deseo de posesión. Del primero ya hemos dado cuenta. Vamos ahora con el segundo.

El problema de la pornografía

La primera idea que llama nuestra atención es que la pornografía en sí misma es un mal. Es cosa dañosa porque contamina el interior de la persona, y esta cosa dañosa, desde hace ya años, no afecta a unos cuantos individuos aislados, sino que la sufrimos de manera generalizada, como problema social, cada vez más extendido y cada vez con más intensidad. Del mismo modo que decíamos de la violencia, la pornografía es dañina por sí misma, independientemente de que sus efectos queden ocultos o sean visibles; más aún, independientemente de que haya ocasiones en que lo pornográfico provoque una gran alarma social (asesinatos y violaciones o los casos de abusos de menores) o no provoque alarma ninguna, como ocurre con la difusión de pornografía por los medios tradicionales (películas y revistas) o los más actualizados como son los medios digitales. Precisamente aquí está la mayor gravedad de este problema: en que no lo percibimos como tal. Solo quien entiende que la pornografía le hace mal está en condiciones de intentar defenderse contra ella, pero quien en la pornografía no ve sino un pasatiempo o un elemento más de diversión, no solo no huirá de ello, sino que se molestará porque haya quien se oponga, sobre todo cuando estamos ante un tipo de actividades socialmente toleradas. La profusión de canales por donde llega la pornografía hace que esté muy extendida la opinión de que lo pornográfico es un ingrediente más de la vida ordinaria, como si fuera uno más entre los géneros literarios o cinematográficos. La pornografía no solo está al alcance de cualquiera por multitud de vías, sino que hoy es invasiva, no hay que ir a buscarla, viene ella en nuestra busca de manera invasiva. ¿Quién se extraña hoy de que la publicidad de actividades pornográficas ocupe un lugar propio en la sección de anuncios de cualquier periódico o red social? ¿A quién le parece raro encontrarse revistas semipornográficas, o pornográficas del todo, en multitud de establecimientos: kioscos, librerías, bares, peluquerías, etc.? De este modo, entendiendo lo pornográfico como una dimensión más de la vida, no se puede esperar reacción contra ello.

Hemos comenzado diciendo que la pornografía es uno de los contaminantes que intoxican el interior del hombre. Pero ¿dónde está la maldad de lo pornográfico, en dónde esa toxicidad de la que se habla?

Esta pregunta la vamos a desdoblar en otras dos, ¿por qué contamina la pornografía?, y ¿cómo contamina? A la pregunta de por qué contamina la respuesta es esta: la pornografía es un tóxico que contamina la mente porque distorsiona el modo de entender la sexualidad.

Dos modos hay de entender la sexualidad: uno, con sano interés por lo que la sexualidad es y significa; y otro con interés morboso, teñido de picardía o malicia.

1. La sexualidad es una dimensión constitutiva de toda persona humana. No se puede pertenecer a la especie humana sin ser hombre o mujer, porque no hay seres humanos sexualmente neutros; por nacimiento y por constitución psicosomática somos hombres o somos mujeres. Ello significa que ser hombre o el ser mujer no es algo accidental o secundario para cada persona, sino esencial. Digan lo que digan las distintas versiones de la ideología de género, ninguno de nosotros se puede entender sin su condición sexuada, sin su masculinidad, si es hombre, o sin su feminidad, si es mujer. El intento de organizar la vida como si no fuéramos lo que somos, seres sexuados, hombres y mujeres, es un despropósito ecológico (de ecología humana) porque atenta contra el mismo modo natural de ser del hombre, que es bisexuado.

En este momento viene bien aplicar un principio clásico de la filosofía que dice que el obrar sigue al ser[4]. De acuerdo con él todo lo que hacemos depende de lo que somos. Y como cada uno somos hombre o mujer, todo lo que hacemos o pensamos, la visión que tenemos de las cosas, el modo de entender la vida, el modo de relacionarnos, nuestros actos más personales y auténticos están impregnados, necesariamente, de nuestro modo de entender la

---

[4] Según este principio, a todo ser le corresponde hacer lo propio de su naturaleza. Por eso lo propio del hombre es que actúe de acuerdo con lo que es: criatura, ser inteligente, digno, personal, dotado de voluntad y sentimientos, hecho para vivir en sociedad y en familia, capaz de amar, etc., etc., etc. Como no siempre nuestras acciones se adecuan a nuestra naturaleza, también se entiende que la propia filosofía propusiera al hombre como meta esta: llega a ser el que eres.

masculinidad y la feminidad. Se comprende así que la sexualidad, teniendo una relación directa y total con nuestra reproducción, va mucho más allá de lo reproductivo. Más aún, el ejercicio de la sexualidad en lo que tiene que ver con su función reproductiva y en las relaciones personales se explican mal —no se explican— cuando se desencarnan de su contexto integral de lo que somos cada persona, con nuestro modo peculiar de ser, con nuestra historia y nuestra singularidad individual, o cuando intentan explicarse fuera de su hábitat natural, de su nido ecológico, que es el matrimonio y la vida de familia.

Por constituir la sexualidad una dimensión del ser, cuando alguien se da sexualmente, no da de lo que tiene, sino de lo que es. Dicho de otro modo, en cada relación sexual, sea lícita o ilícita, esté planteada desde el amor o desde el egoísmo, desde la virtud o desde el vicio, se sepa o no se sepa, se entienda o no se entienda, se quiera o no se quiera, con la relación se entrega el ser, no el ser entero[5], pero sí parte del ser. Por eso, para toda persona una relación de este tipo puede ser vivida de modos muy variados, con limpieza o con morbosidad, con virtud o con picardía, con placer o displacer, con angustia y temor o con gozo... pero nunca con indiferencia.

2. Vemos, por otra parte, que no todo lo que sale del corazón humano es inmaculado y puro. Apoyándose en el principio de que la educación sexual debe hacerse con toda naturalidad —lo cual es cierto—, con frecuencia se suele oír a muchos padres la opinión de que este tema ha de abordarse como cualquier otro relacionado con el cuerpo humano —lo cual ya no es cierto—. El interés que suscitan las cuestiones relacionadas con la sexualidad, por ejemplo, en la adolescencia, no tiene nada que ver con el que se manifiesta hacia el resto del cuerpo. Este interés en muchos casos es perfectamente sano y en muchos casos no lo es. Solo desde posiciones de

---

[5] La filosofía personalista ha caracterizado a la persona humana como el ser que es incomunicable, en el sentido de que podremos moldear y modificar nuestro ser, pero no podemos desprendernos de él, ni podemos traspasarlo.

una ingenuidad irresponsable, una persona experimentada puede sorprenderse de que el interés por las cuestiones de índole sexual no siempre sea científico, ni transparente, ni angelical. Que las cosas son así lo corrobora la experiencia más común, pero, además, el mismo lenguaje viene a confirmarlo. Para ese atractivo malsano por lo sexual se inventó en 1904 una palabra: *sicalipsis*, a la cual el diccionario de la Academia define como «malicia sexual, picardía erótica». Esto que es común a todas las edades, se agudiza en la pubertad y en la adolescencia en la cual los temas de contenido sexual son especialmente atractivos y excitantes.

Así pues, siendo la sexualidad una dimensión noble del ser humano a la cual debería corresponder un enfoque de inocencia y de limpieza, la realidad es que muy a menudo es vista y vivida de manera torcida, lujuriosamente, con regusto por lo insano.

Pues bien, nada del primer ámbito le interesa al mundo de la pornografía. Este mundo se fija en el segundo modo, rompiendo la inocencia, a la que desprecia, y potenciando la picardía, a la que ensalza. Al mundo de la pornografía no le interesamos las personas sino nuestro dinero, que consigue fomentando lo que de sicalíptico hay en nosotros. Y esto lo hace por ensuciamiento. Así damos contestación a la segunda pregunta que nos hacíamos: ¿cómo actúa la pornografía? La respuesta es esta: la pornografía actúa por ensuciamiento, porque lo propio de la lujuria es ensuciar el alma. Que esto es así nos lo demuestra una vez más el lenguaje. Si fijamos de nuevo nuestra atención en las palabras nos damos cuenta de que, al conjunto de acciones innobles relacionadas con el mundo de la sexualidad, la sabiduría popular le ha puesto un nombre: guarradas.

Si de verdad nos preocupa la educación sexual de nuestros niños y nuestros jóvenes, actuemos a favor de una educación sexual auténtica, libre de tapujos y de malos entendidos, pero noble, que propicie hombres y mujeres de corazón limpio y de mirada transparente. Para ello comencemos llamando a las cosas por su nombre y saquemos consecuencias. Veamos que esta es la razón por la cual la pornografía intoxica: porque es suciedad, y suciedad mental, interna. No demos carta de normalidad a lo que no la tiene, por muy extendido que esté entre nosotros, o por el miedo a parecer ñoños o anticuados. Esos miedos son prejuicios paralizantes, tan viejos como el mundo. Y hablemos con claridad, especialmente cuando tenemos la obligación de educar a nuestros hijos.

10. El problema de la pornografía (y II)

Al finalizar el artículo anterior, en el que denunciábamos la pornografía como uno de los más graves tóxicos de nuestra época, en el último párrafo dejábamos apuntada una vía de solución. A esto queremos dedicar el presente artículo, a reflexionar sobre posibles soluciones. Bien está la denuncia de lo que vemos que está mal, pero la lamentación y la queja sin búsqueda de alternativas —en cualquier ámbito de la vida— es, en sí misma, un ejercicio estéril, solo sirve para afianzarse en la oscuridad de los problemas y cegarse con ellos.

De entrada, contamos con una dificultad poderosa: la fuerza de un ambiente erotizado que nos envuelve y nos rodea por todas partes. Nuestra atención está siendo solicitada continuamente con reclamos de orden sexual presentes en los más diversos campos: canciones, dibujos animados, películas, revistas para adolescentes, para jóvenes y menos jóvenes, publicidad estática, anuncios de televisión, páginas web, redes sociales... ¿Y ante un ambiente así, podemos educar, podemos hacer algo? La respuesta es sí. Y mucho. No tenemos recetas, pero algunas pautas sí podemos ofrecer.

1. En primer lugar hay que pensar. En la medida en que educar exige dar criterios de actuación y pautas de conducta, los educadores solo podemos dar los criterios que tenemos. Hay que estar convencido de lo que se dice, porque las ideas no solo se transmiten con las palabras. Las palabras van siempre acompañadas de todo un cortejo de signos no verbales que revelan si lo que se dice está en consonancia con lo que se piensa y con lo que se vive. El tono de voz, los movimientos de las manos, la postura del cuerpo, y, sobre

todo la cara, expresan tanto o más que las mismas palabras[6]. Contra esta realidad está el arte del disimulo, pero en educación el disimulo no sirve, porque solo se puede educar desde la verdad. Así pues, lo primero es tener criterios claros.

Esto crea en muchos padres un problema que está muy extendido: la dejación. La cuestión, más o menos, se plantea del siguiente modo: «yo sé que debería hablar de estos temas con mis hijos, pero también sé que ni mis criterios ni mi vida son los más correctos. La verdad es que no veo claro como orientarles en esto». Pero esto no es solución; si vemos que no tenemos las ideas demasiado claras, aclarémoslas y mudémoslas si es preciso. Las ideas son menos fijas de lo que a veces se piensa. Si hay rectitud de intención, uno mantiene un criterio mientras ve que es válido, pero en cuanto descubre su invalidez o su falsedad, lo propio es que lo cambie. Revisemos, pues, nuestros criterios, veamos si son o no correctos y, si es el caso, cambiémoslos. Si tenemos dudas acerca de sin son o no acertados, miremos los frutos que esos criterios producen. En esta ocasión se puede aplicar aquello de que «por sus frutos los conoceréis». Busquemos ayuda si es que la necesitamos, pero no permitamos que sean otros, los ajenos, quienes vengan a ocupar en nuestros hijos el espacio que nosotros dejamos vacío. Porque alguien lo ocupará. Si no educamos nosotros, alguien lo hará en nuestro lugar, y habitualmente no para formar, sino para deformar.

2. En segundo lugar hay que vivir. Porque no es cuestión de decir qué está bien y que está mal desde la distancia que no compromete. Eso no sirve de nada, mejor dicho, sirve para transmitir ideas, pero no vida, y las ideas no educan, la vida sí. Eso en el mejor de los casos, en el peor, sirve para dar dosis de moralina o hacer ejercicios de hipocresía que se volverán contra nosotros.

3. En tercer lugar hay que hablar. Hablar de todo lo que sea preciso. Todo aquello que un niño o un joven debe saber acerca de

---

[6] El rostro humano es todo un mundo de comunicación por sí solo. Estudios realizados hace ya años revelaron que la cara puede adoptar miles de expresiones distintas.

cualquier asunto importante para su vida, debe saberlo por sus padres. Y hablar de estas cinco formas: con corrección, en positivo, con seriedad, con sencillez pudorosa y con claridad.

— *Con corrección.* Es muy importante que utilicemos un lenguaje correcto. Probablemente en ningún otro ámbito de la vida poseamos el doble lenguaje que poseemos en torno a la sexualidad. Cada cosa, cada órgano, cada acción tiene su nombre y, además, un sinfín de sinónimos soeces, que están demás, y que son antieducativos por burdos y groseros. Se puede, y se debe, hablar de todo lo que sea necesario, pero con corrección. Si hay algo para lo cual no tenemos palabras correctas, eso quiere decir que de eso no se debe hablar.

— *Con claridad.* Llamemos a las cosas por su nombre. Distingamos lo que es bueno y lo que no lo es, lo que está bien y lo que está mal. Sin miedo. Sepamos diferenciar las acciones honestas de las obscenas y enseñémoslo, dando razones, que las hay. Si no las conocemos o si no sabemos argumentar, preguntemos a quien pueda ayudar.

— *En positivo.* Hablar de la sexualidad en positivo quiere decir referirse a ella como lo que es, como una de las facetas más importantes, más bellas y más edificantes de esta vida. Lo más importante que hay en este mundo, lo único que en esta tierra es un absoluto, es una persona, todo lo demás es relativo. Pues bien, la misión — ¡misión santa!— de hacer posible la aparición de personas depende del ejercicio de la sexualidad en el ámbito del amor humano entre un hombre y una mujer. Esta es su mayor grandeza. La reproducción no agota la misión de la sexualidad, pero sí es su misión más digna. El hombre no ha recibido encargo más sublime ni de mayor responsabilidad en este mundo que este de tener hijos y educarlos[7]. Ni podemos aspirar a más. Tan elevado es el encargo que no se puede realizar de cualquier manera, no se pueden traer hijos al mundo como se plantan árboles, o como se incuban huevos. Por eso se inventó el matrimonio y la familia, que no es la única vía

---

[7] Ya hemos visto en artículos anteriores que el engendramiento y la educación no son sino dos fases de un mismo proceso.

técnica de reproducción humana, pero sí es la única que puede garantizar un engendramiento, una venida al mundo y una educación dignas de una persona. Ahora estamos en condiciones de comprender que plantear la sexualidad de forma frívola o grosera no es sino una forma de profanación de lo más sublime que tiene el hombre.

— *Con seriedad*, que no quiere decir con malos modos, sino sabiendo que estamos hablando de algo que es muy importante. No se puede frivolizar con la realidad humana más santa que tenemos. La frivolidad pasa factura siempre.

— *Con sencillez pudorosa*. Con sencillez quiere decir sin complicarse la vida. Sin teatro, sin aspavientos. Pero con pudor. En este punto queremos poner especial atención porque hoy es muy frecuente oír a padres decir que —con el fin de ser muy naturales— no tienen reparo en guardarse de nada delante de sus hijos Todo lo referido a nuestra sexualidad entra en el ámbito de lo íntimo, que quiere decir de lo más personal, de lo más nuestro. La intimidad, porque es intimidad, es un coto cerrado en el que no puede entrar nadie a no ser que sea invitado. Hay grados de intimidad, el más elevado es aquel donde tiene lugar lo más personal; por este motivo, porque el ámbito de la sexualidad es de lo más personal, también ha de ser de lo más íntimo. Uno no puede ir desvelando sus sentimientos o sus experiencias a cualquiera o por cualquier motivo; más aún, hay ámbitos que se quedan reservados en exclusiva al hombre y a Dios, y a nadie más.

Cuando de algo se habla sin pudor se está transmitiendo la idea de que eso, lo que sea, puede ser de domino público. Pocos espectáculos más tristes que ver a personas vertiendo su intimidad a la arena pública a todo el mundo a través de los medios de comunicación. Lo que debería ser un coto cerrado se convierte en tierra de nadie, un espacio público por donde entra y sale quien quiere, con lo cual la dignidad de la persona —y con ella la persona misma— queda destrozada, hecha jirones. Educar es educar también en la intimidad, que quiere decir, poner a salvo de miradas indiscretas o de la curiosidad malsana lo que es exclusivamente mío o nuestro.

4. En último lugar, hay que crear ambiente. Ante ese ambiente erotizado que nos entra por todas partes hay que responder creando ambientes limpios, donde poder respirar. El ambiente no lo crea una sola persona, ni una sola familia, por eso hay que unirse. Quienes piensen de la misma manera deben unirse. Matrimonios amigos, especialmente los más jóvenes deben darle a la imaginación y ver qué pueden hacer, no solo a nivel individual, sino agrupados, socialmente.

11. El excesivo deseo de posesión (I)

«¡Voy a ser yo!». Este es el grito con el que una conocida organización nos animaba hace ya muchos años a participar en sus sorteos millonarios. Los responsables de esta campaña publicitaria dieron en el centro de la diana al elegir un lema que responde a uno de los anhelos profundos de toda persona: ser uno mismo. El poeta griego Píndaro, hace dos mil quinientos años, expresó la misma idea, con una máxima que hizo fortuna: «llega a ser el que eres». Lástima que el camino que la publicidad nos propone para *ser* nosotros mismos sea el de *tener* una buena suma de dinero. La idea es clara: el *ser* depende del tener, más aún, cuanto más tengamos, más seremos. Como el tener en grandes cantidades no está al alcance de todos, el tener viene a convertirse en problema.

Ahora bien, el problema del tener es más hondo que el de hacerse con un gran capital. El problema del tener radica en que distorsiona el sentido auténtico de la vida, porque el tener es camino confundido para perfeccionar el ser. A base de tener más no se consigue ser más, ni mejor. El ideal de ser yo mismo, de «llegar a ser el que soy» está bien planteado, pero el perfeccionamiento del ser no tiene lugar a través del tener sino del obrar. Intentaremos explicarnos.

El problema del tener

El tener es imprescindible para cubrir las necesidades básicas y reales de la vida: hay que tener vivienda, comida, dinero para hacer frente a gastos diversos, etc. Pero, una vez cubiertas estas necesidades evidentes, el tener se transforma en una complicación y en un estorbo que nos afecta especialmente a quienes nos ha tocado vivir en esta época de consumo desatado, en la cual se nos incita a comprar más y más, con un bombardeo publicitario técnicamente muy bien hecho y que se nos ofrece de manera continua, atractiva y machacona.

El tener pasa de ser una necesidad natural a convertirse en problema cuando se invierte una jerarquía de valores que viene establecida por estos tres verbos, y en este orden: ser, hacer y tener. Para entender por qué el tener puede convertirse en problema hay que explicar el lugar que ocupa dentro de ese trío de verbos y su relación con los otros dos. Ser, hacer y tener no agotan todas las dimensiones de la vida, pero los tres son fundamentales. Los tres están interrelacionados y los tres son importantes, aunque no lo son de la misma manera. Parece claro que el primero y fundamental es ser; que después, a cierto trecho y dependiendo de él, viene el segundo, hacer; y ya muy por debajo, y a gran distancia de ambos, se sitúa tener.

— *Ser.* Es evidente que el ser es lo radicalmente importante. El ser es lo primero y lo último.

Es lo primero por dos razones: una, porque lo primero que le ocurre a toda persona es que existe; y dos, porque el descubrimiento del mundo y de la vida comienza para cada uno consigo mismo, con su propio cuerpo. Cuando un bebé empieza a abrirse al conocimiento del mundo lo más a mano que tiene es algo de sí mismo, sus manos y sus pies. Posteriormente, al final de la infancia uno empieza a ser consciente de que posee intimidad, vida interior. Estos dos descubrimientos, el del yo externo, a través del cuerpo, y el del yo interno a través de la intimidad, hacen que el ser propio quede constituido para cada cual en lo más cercano, en aquello de lo que más experiencia se posee. El yo es, pues, lo más íntimo, lo más experimentado y lo más permanente. En la vida de cualquier individuo pueden darse multitud de circunstancias cambiantes capaces de modificar el curso de la existencia en sentidos diversos, pero nadie puede dejar de ser quien es, ni puede cambiar su ser por otro. Cuando de alguien en quien observamos un gran cambio decimos que ya no es quien era, lo que se quiere indicar es que, en su aspecto, en las circunstancias que concurren en su vida, o en su comportamiento ha habido una transformación grande. Esto puede darse, de hecho, hay multitud de biografías que lo atestiguan, pero la estructura del ser permanece intacta. Las huellas de identidad siguen siendo las mismas.

Y hemos dicho que también es lo último. Es lo último porque al final de la vida, cuando esta se agota, lo único que acaba quedando es el ser, el último reducto, con él y solo con él hacemos nuestro último y definitivo viaje.

Estas ideas podrían parecer meras reflexiones teóricas, pero no lo son; su importancia es capital en muchos órdenes de la vida práctica, y especialmente en la educación. Desde este enfoque, la educación, en definitiva, no es otra cosa que el proceso de ayuda por el cual el educador crea las condiciones idóneas y ejecuta las acciones necesarias para el desarrollo y perfeccionamiento del ser personal del educando. Cosas tan prácticas como el qué y el cómo hablamos a nuestros hijos y/o alumnos, el usar de premios y castigos, enseñar qué debe hacerse y qué no, cultivar aficiones valiosas, etc., encuentran su justificación en la medida que sirven al ser, y solo en esa medida. (No es el tema de ahora, pero si un premio o un castigo, por poner un ejemplo, no sirvieran nada más que para orientar una conducta concreta —y es bueno que sirvan para ello— se habrían quedado en un bajo nivel de aprovechamiento).

Tampoco son mera teoría porque todos tenemos necesidad de amar y de ser amados. Pues bien, el único amor que satisface de verdad es el que se recibe porque sí, porque uno es. Cuando alguien es amado por una causa distinta del ser, sí puede hablarse de amor, pero amor de pocos quilates. En cambio, cuando nos sabemos queridos por ser quienes somos, el corazón descansa y el alma respira tranquila. Desde este punto de vista del ser que venimos tratando, se comprende bien el valor originario de la familia, el de ser el lugar donde uno es querido por ser quien es, sin más condiciones. Cuando en casa se establece un clima de amor así —el colegio a su modo también puede y debe intentar propiciar climas semejantes— los niños y jóvenes lo perciben, y entonces se puede educar, en caso contrario no; en caso contrario se puede ordenar la conducta, y hasta abrillantarla, pero no se está incidiendo en el ser porque la preocupación no se pone en el ser sino en los resultados del hacer.

Es lógico, y es bueno, que estemos atentos a lo que los hijos o alumnos hacen o dicen, pero en la medida en que lo que se dice, o lo que se hace, revela el estado interior de la persona. Al cargar las tintas en el aspecto externo de las palabras o de las acciones, podríamos dar la impresión de que no nos importa demasiado lo que está cocinado por dentro, y entonces los chicos entienden que lo que interesa no es su persona sino su conducta. De este modo aprenden a cumplir y a molestar. A cumplir para que estemos tranquilos, y a molestar para reclamar la atención que saben que no se dirigirá hacia ellos sino a través de la correspondiente trastada.

Ellos no sabrían explicar esta estrategia, pero el razonamiento, más o menos, podría ser similar a este: «ya que no estás pendiente de mí por ser quien soy, te obligaré a que estés pendiente de mí a través de lo que hago». El reclamo de atención constante, por el medio que sea, es un síntoma de carencia afectiva que conocemos muy bien por experiencia quienes nos dedicamos a educar. Con la fijación, a veces obsesión, de algunos padres hacia lo que sus hijos hacen, en casos extremos, lo que se consigue es hacer unos buenos cumplidores, creando un divorcio entre lo que se es y lo que se hace. ¿Hay algún medio de impedir que esto ocurra? Sí lo hay. Y consiste en arreglárselas para que el destinatario esté recibiendo continuamente —al menos con permanente intermitencia— este mensaje: me gusta que seas, te quiero porque eres, me alegro de que existas. Los medios serán muy variables y dependerán de multitud de circunstancias (edad, lugar y momento concretos, carácter, situación que se está produciendo...) pero el mensaje hay que transmitirlo con absoluta claridad. Para ello podemos usar desde decirlo expresamente a usar de una explicación, una sonrisa, una broma, un gesto adecuado, una corrección... y hasta un cachete dado en el momento oportuno.

— *Hacer.* Las ideas que acabamos de desarrollar pueden hacer pensar que miramos con cierto recelo, quizá con desprecio el hacer, pero no es cierto. Se trata de colocar cada cosa en su sitio y seguir esa jerarquía a la que aludíamos al principio. El hacer es secundario respecto al ser, pero esto no quiere decir que sea poco importante. Está en un orden inferior porque ser es un absoluto y hacer no; para que el ser sea bueno no hay que añadirle nada porque el ser por sí mismo siempre es un bien[8]; al hacer, en cambio, hay que calificarlo añadiendo «bien», porque no todo hacer es bueno, también se puede hacer «mal».

Porque el ser es un absoluto no hay peligro de excesos en el ser. El crecimiento en el ser ha de ser continuo y permanente; en cambio, sí hay riesgos en los excesos del hacer. El exceso del hacer es el activismo, al cual nos referiremos en la continuación de este artículo.

Digamos, para terminar, que la relación de las acciones con el ser es muy grande. Hacer está subyugado a ser, ya se ha dicho, pero ahora queremos fijarnos en la enorme importancia de la acción. Para ello es preciso tener clara la distinción entre dos términos afines pero diferentes. Se trata de distinguir entre la actividad y la acción. Es una distinción que viene a ser decisiva, pero su explicación requiere más espacio, por lo cual la dejamos aplazada para el próximo número.

12. El excesivo deseo de posesión (II)

En el artículo anterior habíamos dejado aplazada una explicación que consideramos interesante. Al terminar decíamos que dentro del actuar humano es conveniente distinguir entre actividades y acciones.

---

[8] Todas las cosas son buenas porque son, y en la medida en que son. «Es evidente, que si se privaran enteramente de toda su bondad, absolutamente dejarían de ser: luego, mientras que tienen ser, tienen alguna bondad, y así es cierto que todas las cosas que son, son buenas». (San Agustín. *Confesiones*, VII, XII).

Llamamos actividades a esas cosas que el hombre *hace* maquinalmente, sin meter su persona en lo que realiza. Las actividades pueden ir desde los actos rutinarios (abrir o cerrar una puerta, subir o bajar una escalera, dar la luz, lavarse las manos, etc.) a otros que, no debiendo ser rutinarios, se hacen rutinariamente (una tarea profesional o doméstica, un saludo, una oración, etc.). Por acciones, en cambio, entendemos los actos que pueden ser más o menos profundos, pero son enteramente personales; aquellos que realizamos poniendo en juego nuestro conocimiento, voluntad y sentimientos, aquellos que hacemos libremente aun cuando puedan ser obligatorios o impuestos —no hay contradicción necesaria entre libertad y obligación—. Aunque los resultados externos de unas y otras fueran los mismos, la diferencia entre ambas es abismal: la relación de las acciones con el ser es muy grande, la de las actividades muy escasa. Mientras que las actividades dejan intacto al ser personal, las acciones le afectan doblemente.

Por una parte, toda persona se revela a través de sus acciones. La acción tiene esta virtualidad, la de ser el cauce ordinario de manifestación del ser; al actuar, cada persona muestra su ser: lo que es y quién es. Mis acciones dan razón de mí, me dan a conocer, dicen quién soy y cómo soy. Mis actos, precisamente porque son actos, lo que hacen es actualizar mi ser, patentizarlo, sacar a la luz lo que llevo dentro, hacer que se despliegue, ponerlo en marcha.

Pero la influencia entre el ser y la acción es recíproca, porque si por una parte la persona se da a conocer mediante sus acciones, por otra, ninguna acción deja indiferente a su autor. Toda acción, por haber salido de lo más personal, revierte, para bien o para mal, también en lo más personal de quien la realiza. En quien obra bien, su bondad es una especie de bumerán que se origina en el interior de la persona, sale de ella para materializarse en la obra buena y, multiplicada, retorna a su autor, embelleciéndolo. En quien obra mal ocurre de igual modo, pero con signo contrario. Por esto no es indiferente que las acciones sean de uno u otro signo, no son lo mismo las acciones nobles que las mezquinas. Unas sirven para perfeccionar a la persona, las otras para envilecerla.

El ser humano no es una cosa rígida e inmóvil, sino que es ser-en-movimiento, es biográfico. Pensar en alguien fuera de su biografía es una ficción teórica que no responde de ninguna manera a la realidad personal. Aquí nos encontramos con una paradoja porque por una parte cada persona poseemos una estructura que se mantiene inmutable a través del tiempo y por otra somos seres dinámicos, en crecimiento. Esa estructura que no cambia (genio y figura hasta la sepultura: fisonomía, rasgos de carácter, tendencias primarias) es la que permite que cada uno podamos decir *yo* ante una colección de fotografías tomadas, por ejemplo, cada veinte años, pero la totalidad de mi persona no se agota en esa estructura. Este yo, que siempre es el mismo, precede, acompaña y trasciende a nuestras acciones, pero a la vez se va enriqueciendo con el remodelamiento continuo que le proporciona el influjo de esas acciones. Estas, por tanto, no son un añadido o un revestimiento que viene a sumarse a ese ser, sino que, en la medida en que son personales, lo van jalonando y construyendo, siendo injertadas en él. Mis acciones no son lo mismo que mi persona, pero van quedando incrustadas en ella y la van modificando. No constituyen por sí solas toda la historia de la vida de cada individuo, pero son inseparables del currículo personal pues hacen historia. Contribuyen en alto grado al bagaje biográfico porque las acciones dejan huella en el ser, y al hollarle le orientan, le hacen crecer o le achican, le embellecen o le degradan, le construyen, le reconstruyen o le destruyen. Porque las acciones nunca se reducen a su mera materialidad externa, sino que revierten en su autor, y de tal modo lo marcan, que llega a haber cierto nivel de identificación entre autor y acción.

Esta diferencia entre actividades y acciones se corresponde con otra diferencia: la que hay entre *hacer* y *obrar*. Las personas, a la hora de actuar podemos quedarnos en «hacer» cosas, actividades, o podemos en cambio «obrar» realizar acciones que quedan marcadas con nuestro sello personal y que a su vez nos marcan interiormente; obras con denominación de origen.

Las consecuencias que para la educación se derivan de diferenciar entre acciones y actividades no son pequeñas. Si por una parte es cierto que el camino práctico de la educación no se puede recorrer sino a través de la actividad del que aprende, al tiempo hay que decir que el valor de la actividad depende en primerísimo lugar de que sea simple actividad o tenga rango de acción. No es cuestión de hacer por hacer; eso no sirve sino para gastar tiempo, dinero y esfuerzo. De lo que se trata es de orientar las actividades para convertirlas en acciones, de manera que reviertan en un crecimiento personal de quien las lleva a efecto y, dicho sea de paso, del educador que las promueve.

Si todo el ejercicio educativo quedara reducido a hacer, hacer, hacer, nuestra vida de familia o nuestras clases podrían ser muy dinámicas, muy movidas, hasta muy atractivas, pero no necesariamente formativas ni educativas. Así llegamos al problema, tan actual, de la hiperactividad, que consiste en un hacer continuo, compulsivo, hacer más y más, con el riesgo de verternos en un sinfín de actividades que no redundan en un crecimiento personal. (No hablamos de los casos en que por vocación o por necesidad, tiene que estar constantemente haciendo algo, como puede ser quien no tiene más remedio que sacar una empresa adelante, o unos padres de varios hijos, por ejemplo. No es eso. Llamamos activista, no a la persona laboriosa o trabajadora, sino a la persona magmática, en constante ebullición, permanentemente atareada, obsesiva del hacer, muy rica en actividades y muy pobre en acciones). Este modo de enfocar la vida deja escaso margen, quizá ninguno, a la realización de acciones verdaderamente humanas, al descanso y al disfrute de las cosas bellas de la vida a través de la contemplación.

Vistos los grandes rasgos del ser y del hacer, nos queda ahora situar el tener, que como decíamos en el artículo anterior, ocupa el grado inferior de esta escala, y a gran distancia de los otros dos.

— *Tener*. Desde instancias muy diversas se viene repitiendo, hace ya tiempo, de los riesgos del tener. Aquí también vamos a insistir en ellos, porque vemos claro que el excesivo deseo de posesión es uno de los tóxicos que hoy nos contaminan, igual que decíamos de la violencia y la pornografía. Ahora bien, a pesar de que sean muchos los riesgos y problemas que nos acarrea el tener —y lo son—, ni podemos demonizar el tener, ni debemos restarle la importancia que posee. Eso sí, pongámoslo en su lugar. Y su lugar está en que el tener se sitúa con respecto al ser como el medio en relación al fin. Tener sí, pero tener en la medida, y solo en la medida, en que el tener sirve para el crecimiento interior de la persona. ¿Qué crecimiento ni qué logros puede hacer nadie en su ser cuando ni siquiera puede mantenerlo en pie? ¿Cómo hablar —ni pensar siquiera— acerca del ser y sus posibilidades de mejora cuando una persona, una familia o una sociedad entera, vive en la indigencia? Para conquistar el ser estorba de la misma manera la opulencia como la miseria, y para conquistar la libertad personal, antes hay que estar libres del hambre, de la enfermedad y de la ignorancia. Cuando se dice que «no solo de pan vive el hombre» el acento hay que ponerlo tanto en el *no solo* cuanto en el *pan*.

13. El excesivo deseo de posesión (y III)

Antes de entrar a ver los peligros del tener, convendría distinguir, de entre los bienes que uno puede adquirir, los que son interiores y los que son exteriores a la persona. Son bienes interiores aquellos que el individuo siempre lleva consigo: su escala de valores, sus hábitos, sus conocimientos, sus patrones de conducta, su cultura, su fe, etc., es decir, su educación; mientras que son bienes exteriores lo que llamamos «cosas»: propiedades, dinero, objetos, etc. Hay una gran diferencia entre ellos, pero en ambos casos son aspectos del tener. Tanto unos como otros no proceden del interior del individuo, sino que le han llegado a este desde el exterior.

Las diferencias entre ambos tipos de bienes son notorias. Con los bienes interiores ocurre como con las acciones, que se integran en el ser y lo modifican; en cambio, los bienes exteriores, por su condición de exteriores, quedan en la cáscara de la persona, afectándola solo de manera superficial. Los bienes exteriores son mudables con relativa facilidad. Los golpes de fortuna, a favor o en contra, hacen que no pocas personas pasen, a veces en unas horas, de la abundancia a la pobreza, o al revés. Esto que es posible en el orden del tener, no lo es en el orden del ser; nadie pasa de pronto a ser otro porque repentinamente se haya enriquecido o empobrecido. La literatura de todas las épocas es pródiga en relatos de nuevos ricos y de nuevos pobres; prototipos de gentes que, viviendo bajo fachadas contrapuestas, antes y después del evento de fortuna, en el fondo permanecen idénticos a sí mismos.

La cuestión del tener se nos vuelve espinosa cuando, desde planteamientos materialistas, el destino final del tener se sitúa en las cosas, cuando resulta que las cosas no pueden ser destino de nada; las cosas no pueden pasar de simples medios, algunos imprescindibles, pero medios, nunca fines. Solamente las personas podemos ser punto de destino, es decir, fines. En cambio, las cosas son eso, «cosas», seres inertes, objetos exteriores a la persona. Y no es que el tener sea rechazable por sí mismo, sino porque se corren riesgos innecesarios y peligrosos. Veamos algunos.

1. Cuando el acento se pone en el tener, la lógica materialista acaba valorando a las personas en función de lo que tienen, de lo que producen o de los beneficios económicos que reportan. De este modo se transfiere el valor de las cosas a las personas, adjudicando a estas, categorías de tasación mercantilista incompatibles con el valor absoluto que cada persona encierra. El personalismo del siglo xx, si algo puso de manifiesto, fue la condición de fin absoluto de cada persona humana. Al valorar a la persona por lo que tiene, se están comparando dos realidades que por su naturaleza son incomparables: la persona y la cosa. Ya sería un error la comparación entre una persona y otra, pues cada persona es un mundo singular, realidad única e irrepetida, cuanto más para medir a las personas desde el valor que

damos a las cosas. Sería el mismo error que si nos preguntáramos quién tiene más facilidad para el vuelo, si un tigre o una golondrina. Es una comparación impertinente, pues uno de los elementos que entran en la comparación está fuera de la realidad a comparar.

2. Otro riesgo es el de los límites, siempre ensanchables, del tener. ¿Cuántos juguetes necesita un niño para ser feliz?, ¿cuántos discos un joven?, ¿cuántas joyas un adulto?, ¿cuántos coches?, ¿cuántas horas de trabajo?, ¿cuántos aparatos una casa para que quienes viven estén a gusto de verdad? Cuando la vida se plantea en torno al tener cosas, el individuo entra en una carrera de frustración segura, pues en el orden práctico la vida es demasiado corta y con demasiados competidores como para que a nadie le resulte posible tener todo lo que al deseo le sería posible imaginar. *«No se sacian los ojos de ver, ni se hartan los oídos de oír»* (Ecl 1, 8) ni las manos de tener. Siempre es posible luchar por tener más, y de tener nunca se acaba.

3. La felicidad puesta en los bienes de consumo se va agotando en la medida en que se consumen esos mismos bienes. Necesitamos un cambio de perspectiva de lo que suele ser común si es que queremos sobrevolar por encima de los avatares de la fortuna. Dejarnos envolver por el afán de posesión (equivalente al afán de dominio) al que tantos pregoneros de esta sociedad nos incitan sin tregua, especialmente a través de los reclamos publicitarios, es vivir a ras de cuenta corriente, centrando nuestras inquietudes en el disfrute de las prestaciones de tales o cuales cosas. Es el tóxico del que hablamos y que solo conoce un objetivo: tener; tener más y más, en una especie de conquista siempre inacabada. De este modo, a base de adquirir cosas se comienza a constituir un reino que es exterior a la persona y en el cual el poseedor se ve como monarca absoluto. ¡Llegar a ser rey! ¡Uf! ¿Qué más se le puede pedir a la vida? Aparentemente las cosas rinden pleitesía al individuo-rey, pero es mera apariencia. El engaño reside aquí: en que las cosas, aun teniendo cualidades valiosas, no pasan de ser puros objetos. Se dejan hacer, se dejan comprar, vender, cambiar, mover, tirar. Las cosas, por ser

inertes, nos facilitan el dominio casi absoluto sobre ellas... pero necesitan espacio y carecen de tiempo. Las cosas, aparentemente neutras e inofensivas, llevan en sí mismas una condición inexorable: que el individuo-rey les dedique la vida, porque su adquisición y su disfrute exige tiempo y espacio. Ocupan un espacio que hay que proporcionarles, y no tienen tiempo; su tiempo es el nuestro. El tiempo de las cosas es nuestro tiempo.

Al llenarnos de cosas puede darnos la impresión de que hemos conquistado un reino y esta es una conquista con ribetes de ultimidad, de felicidad plena porque nos vemos señores de las cosas, pero el problema está en que vamos hipotecando nuestro tiempo, que es algo que tenemos medido y contado. Hace poco oía decir en una conferencia a Carlos Díaz —filósofo contemporáneo— que mientras vivimos en este mundo «somos tiempo», y en la medida que se nos va el tiempo, se nos va el ser. Creo que no desbarraba. Si empleamos el tiempo en hacer cosas, en tenerlas y en mantenerlas, nos quedamos sin tiempo que dar a las personas, sin cultivar la relación personal gratuita, un ámbito enriquecedor de la vida humana como pocos. Quien se emplea en tener muchas cosas, necesariamente se va quedando sin libertad porque se ve impedido en sus movimientos. El individuo-rey solo se entiende entre las cosas, todo lo subyuga a ellas y todo lo espera de ellas. Solo puede ir allá donde haya cosas o tenga cosas. De este modo se aleja de uno de los más hermosos ideales clásicos de felicidad, el que entiende por hombre feliz a aquel que todo lo lleva consigo: *omnia secum portat.* Todo lo que tiene está en él porque todas sus riquezas son interiores.

Para este hombre nuevo que venimos proponiendo con esta larga serie de artículos, necesitamos un cambio de perspectiva, no para alejarnos y olvidarnos de las cosas, sino para establecer con ellas un modo de vida creador, en el cual, las experiencias del gustazo consumista que caracteriza a una vida materializada puedan ser sustituidas por las experiencias de encuentro con la realidad, generadoras de gozo estético, propio de una vida creativa. Este planteamiento ya es otro: ya no se trata de acumular cosas o de dominarlas en sentido posesivo y aplastante de las mismas, sino de crear con ellas campos de juego que posibiliten experiencias creadoras, gracias a las cuales el ser pueda expandirse, crecer y gozar. Como esta idea es muy interesante, pero ya no queda espacio ni siquiera para esbozarla, nos ha parecido oportuno recurrir a un buen ejemplo para iluminar esto. A este efecto, transcribimos el cuento LA CINTA AZUL, muy frecuente en los libros de lectura infantiles. La transcripción es literal:

UNA CINTA AZUL DE DOS PALMOS Y PICO[9]

En aquel pueblo, como en todos los pueblos, había niños ricos y pobres.

Uno de los niños ricos cumplió años y le regalaron muchas cosas: un caballo de madera, seis pares de calcetines blancos, una caja de lápices y tres horas diarias para hacer lo que quisiera.

Durante los diez primeros minutos el niño rico miró todo con indiferencia.

Empleó otros diez minutos en hacer rayas por las paredes.

Otros diez en arrancarle una oreja al caballo.

Y otros diez en dejar sin minutos las tres horas libres. Esta última maldad fue haciéndola minuto a minuto, despacio, aburrido, por hacer algo sin hacer nada.

Al deshacer los paquetes, más aburrido que impaciente, había tirado por la ventana la cinta azul con que venía amarrada la caja de lápices, una cinta como de dos palmos, de un dedo de ancha, de un azul fiesta, brillante.

La cinta fue a dar a la calle, a los pies de Juan Lanas, un niño despierto, de ojos asombrados, pies descalzos y hambre suficiente para cuatro.

Juan Lanas pensó que aquello era un regalo maravilloso, pensó que era lo más maravilloso que le había ocurrido en la última semana y en la que estaba pasando y seguramente en la que iba a empezar.

Pensó que era la alfombra que usaron los liliputienses el día que se bautizó al hijo del Rey.

Pensó que le gustaría usarla para pasear a su perro si era capaz de encontrar a ese golfo de Cisco, sin rabo y tan viejo.

---

[9] FARIAS, J. (1981). «Una cinta de dos palmos y pico», en *Algunos niños, tres perros y más cosas.* (Madrid, Espasa Calpe). Tomado de https://cervantesvirtual.com/obra/una–cinta–de–dos–palmos–y–pico/

Pensó que no estaría mal para sujetar por el cuello a la tortuga que quería tener.

Pensó, al fin, que bien podía ser un fajín de general.

Y pensándolo empezó a desfilar al frente de sus soldados, todos con plumero, todos con espada.

Los que lo vieron pasar pensaron que era un niño seguido de nadie.

Y al poco rato un niño seguido de un perro sin rabo.

Pero Juan Lanas sabía que el perro era su mascota, que los soldados pasaban de siete, que era todo lo que Juan Lanas podía contar sin equivocarse.

Y mientras Juan Lanas desfilaba, el niño rico se aburría.

Con un comentario último: de la lectura de este cuento pudiera desprenderse que apostamos por una vida de carencias, o por lo menos la disculpamos. No es eso. No se trata de vivir careciendo de nada que nos haga falta, que pueda venirnos bien o sernos útil. Recordamos la idea inicial cuando empezamos con este tema hace un par de meses. En él hablábamos de la bondad de las cosas y de la necesidad de tener bien cubiertas todas las necesidades; el problema está cuando nos incorporamos a esa carrera absurda del tener o de consumir innecesariamente, tan fácil hoy, pensando que por ahí seremos más o mejores personas. ¿Cuándo nos vamos a dar cuenta de que la carrera del tener consume tiempo y lleva, primero, a vivir dispersos en multitud de preocupaciones perfectamente evitables, y segundo, al aburrimiento? Si cabe hablar así y sirve la expresión, se puede decir que en muchas casas faltan cuartos de estar y sobran cuartos de tener. En la misma medida en que los primeros pueden facilitar una vida de familia armónica y enriquecedora, en esa misma medida entorpecen los segundos.

Educación y belleza

1. La belleza, vía de solución para tiempos de crisis

Es mucho lo que la educación tiene por hacer. En la medida en que educar es participar en un proceso de perfeccionamiento de la persona (perfeccionamiento del que educa y de la persona a quien se quiere educar), la educación es una tarea que siempre está por terminar porque la perfección personal total y acabada no existe. Siempre hay cosas que cambiar, otras que mejorar, aspectos que limar, retoques que hacer. Además, somos seres muy complejos: poseemos bastantes dimensiones, y a la educación le corresponde perfeccionar todo lo que sea humano. Son muchos, pues, los palillos que hay que tocar. Cada persona somos un mundo —y si no, no seríamos personas—, cada cual un microcosmos inevitablemente único.

Cualquier padre o madre que hable de sus hijos, invariablemente cuenta lo distintos que son entre sí. Con esta dificultad ya tendríamos más que suficiente para hacer de la educación un trabajo difícil, pero no es la única. A ella viene a unirse, entre otras, un estilo de vida, el que predomina hoy de modo generalizado, que para nada ayuda en la tarea de educar. Abuelos y padres suelen coincidir en que los primeros lo tuvieron en su época más fácil con sus hijos que estos de ahora con los suyos. Debe haber mucho de cierto en estas apreciaciones cuando son tan generales. Lo mismo suele ocurrir entre los profesionales de la educación. En este mundo, el de la educación institucionalizada, en 1966 apareció por vez primera una expresión que sigue vigente. La expresión es esta: *crisis de educación*. El término se acuñó en Estados Unidos y de allí se extendió al resto del mundo, pudiendo encontrarse desde entonces en cualquier diccionario de Pedagogía. El concepto de crisis de educación, que debería de ser normal, se ha vuelto problemático, admite diversos análisis y en él influyen muchos factores. No tenemos intención de entrar a considerarlo, sino de constatar que existe —negarlo sería negar la evidencia— y apuntar algunas vías de solución, que también existen.

Decimos que debería ser normal porque las crisis son momentos que acompañan a todo proceso de crecimiento. Más aún, no hay crecimiento, del tipo que sea (biológico, moral, espiritual, etc.) que se libre de pasar por situaciones de crisis, y una vez pasada la crisis, el crecimiento se constata y a seguir hacia delante. Que la educación entre en crisis no es cosa preocupante, lo preocupante es que no salga. Y no sale. No deja de llamar la atención ver cómo pasan los años y la crisis sigue. Algunos problemas serios de la juventud se han convertido en crónicos: fracaso escolar, acoso, alcoholismo, drogadicción, nuevas adicciones como el juego o la pornografía... ¿Podemos hacer algo desde la educación para ayudar a cambiar esto? Responder en positivo a esta pregunta es el principal propósito de estos artículos. Somos conscientes de que desde estas páginas no damos soluciones al estilo de recetas concretas para casos concretos, sino que mes a mes venimos ofreciendo una serie de reflexiones, las nuestras, cuyo objetivo es intentar alumbrar ideas que puedan servir, en su caso, parar orientar, o reorientar, la práctica educadora de quienes nos leen. Pues bien, de los muchos campos en los que hay que actuar para contrarrestar o anular los efectos deseducadores de la crisis actual, hay uno que entendemos que es vital e irrenunciable: la educación de la belleza.

El papa san Juan Pablo II escribió hace años, una carta abierta a los artistas del mundo entero en la cual hace suya una frase de una novela de Dostoievsky. La frase, que dio la vuelta al mundo, es la siguiente: *la belleza salvará al mundo*.

A la pregunta de qué podemos hacer para salir de este estado de cosas que es la crisis de educación, o al menos para paliarla, hay varias respuestas, entre las cuales destaca una que a nuestro juicio es clave: cultivar la belleza en todos los órdenes. Educar en la belleza y para la belleza es una de las mejores respuestas —si no la mejor— que podemos ofrecer los educadores. Y además corre prisa. En «Educación y engendramiento (II)» ha quedado recogida una cita de Platón sobre la que vendría muy bien volver una y otra vez a la hora de plantearnos nuestra tarea de formadores. Es la siguiente: «educar es dar al cuerpo y al alma toda la belleza de que son capaces».

¿Por qué entendemos nosotros que esta es una vía imprescindible hoy, del todo irrenunciable? Porque la belleza cautiva el alma, y sin cautivar el alma no hay educación. Más aún: sin cautivar el alma no hay formación; podemos instruir mucho, y bien; podemos transmitir criterios, pero solo con criterios no se entusiasma a los muchachos. Para entusiasmar no tenemos mejor camino que el de educar en y para la belleza. Por otra parte, decimos que corre prisa, porque hoy asistimos al cultivo y al ensalzamiento de la fealdad. Muchísimas de las manifestaciones artísticas actuales no promueven lo bello sino lo grotesco. Estamos ante un tema muy espinoso, en el cual las explicaciones no son fáciles, pero hay que referirse a él necesariamente.

La primera complicación, raíz de todas las demás, viene de no poder definir la belleza. Es muy atractivo hablar de belleza, pero no es fácil decir en qué consiste. De hecho, pensadores hay que razonablemente han renunciado a definirla porque la belleza no se deja atrapar en una definición. Pero esta renuncia no da luz, sino oscuridad porque nos deja en ayunas, con las manos vacías. El hecho de no poder dar una definición completa no es motivo para renunciar a saber acerca de la belleza. (Tampoco podemos definir el amor, y cuánto nos conviene saber sobre él lo más posible). Sin conocer la belleza, ¿cómo vamos a cultivarla?, ¿cómo tratar de algo que no se sabe en qué consiste? De esta dificultad inicial proceden otras: ¿existe una belleza objetiva, o lo que es bello depende de cada uno? ¿Lo que en una época histórica era considerado bello, sigue siendo bello siglos después? ¿Por qué donde unos encuentran elementos de belleza otros no? ¿Quién dice qué es bello y qué no lo es?

Digamos para empezar que la belleza no es un invento humano, ni un producto de nuestra imaginación. La belleza objetiva existe porque existen las cosas bellas y existen cánones de belleza conocidos desde antiguo en las bellas artes. La belleza se hace plenamente objetiva en la naturaleza, previa a cualquier acción humana, y de un modo menos objetivo, pero objetivo también, en las obras de arte. En la naturaleza existe un auténtico derroche de belleza, lo mismo en grandes espacios abiertos que en otros de pequeñas dimensiones: desde un cielo estrellado hasta una flor diminuta, desde los acantilados virginales de un inmenso glaciar hasta los reflejos de una gota de rocío que brilla al sol, desde los colores del arco iris al monótono azul celeste de un día despejado. Sus manifestaciones son tan abundantes y tan atractivas que la belleza objetiva de la naturaleza solo se puede negar negando la realidad.

Algo muy parecido se puede decir de las creaciones humanas. Una catedral gótica, una pagoda china, unos jardines árabes, un concierto de Mozart o Las Meninas de Velázquez, son obras objetivamente bellas. El hecho de que haya personas a quienes no les guste un cielo estrellado, los colores del arco iris o alguna de estas grandes creaciones artísticas no dice nada en contra de la belleza natural o producida; de lo que sí dice es del gusto de la persona. O bien carece de sensibilidad, o no se le ha cultivado el gusto estético, o simplemente es que no le gusta, o no quiere que le guste, a lo cual, por cierto, tiene todo el derecho. Pero la belleza objetiva está ahí, eso es evidente.

2. ¿De qué belleza hablamos?

«La belleza objetiva está ahí. Eso es evidente». Así terminábamos nuestro artículo anterior. Pero también es evidente que la belleza, por muy objetiva que sea, solo puede ser captada por cada sujeto, desde su experiencia personal. Un pensador contemporáneo, del siglo pasado —Alfonso López Quintás— se atrevió a decir algo que da que pensar. Dice él que los seres humanos estamos «instalados en un campo de belleza, de forma análoga a como estamos inmersos en un campo gravitatorio y electromagnético sin advertirlo sensiblemente. Tal instalación es fuente de luz y nos permite captar la belleza en las realidades concretas». Si esto es así, surgen varias cuestiones que merecen nuestra atención.

1. La primera es que cuando hablamos de belleza nos estamos refiriendo a algo más que a una serie de cualidades que nos atraen y nos entran por los sentidos. Si es cierto que estamos instalados en un campo de belleza «sin advertirlo sensiblemente» entonces es que la belleza es algo más que una realidad sensible. Esto nos lleva a descubrir la necesidad de dar un salto desde el mundo físico al metafísico, y de este al espiritual. Hay ciertamente una belleza material, visible, que encontramos en la naturaleza, con manifestaciones a veces impresionantes y que está también presente en el hombre. En el caso del hombre, es este un tipo de belleza desigualmente repartida, que tiene su momento de esplendor en la juventud y que va apagándose con la edad. Pero por lo que venimos diciendo debe haber otra belleza no sensible, que también *está ahí* pero que no se ve ni se oye.

No sabemos definir la belleza, pero sí podemos decir que hay una idea que siempre la caracteriza. Esa idea es la de perfección. No hay belleza sin perfección. Toda imperfección resta belleza, de lo cual se deduce que, en el hombre, la perfección admite grados. Esto es cosa innegable. Si la perfección no admitiera grados, solo podríamos hablar de perfección refiriéndonos a Dios, único ser en quien la perfección es absoluta, total y definitiva. Y en este caso, aunque se nos pudiera ocurrir decir algo, el desconocimiento acerca de Dios es tal que siempre será más sensato callarse que decir lo que no se sabe.

La idea de perfección gradual en el caso del hombre sí nos sugiere algo. En principio dos cosas. Una ya se ha dicho: que la perfección de la persona no está solo en la mayor o menor hermosura de su cuerpo, sino sobre todo en su espíritu. Somos cuerpo y más que cuerpo. Y otra: que la educación de la belleza es posible.

2. Si la idea de belleza va unida a la de perfección, aquello mediante lo cual el hombre sea portador de perfección, eso le hará ser también portador de belleza. Por eso nos tenemos que preguntar en dónde reside la perfección del hombre. La respuesta es doble. La perfección del hombre reside en su ser y en su actuar. El hombre, por ser hombre, es la criatura más bella de este mundo. Aquí no podemos dejarnos confundir por los sentidos. Ciertamente que en el mundo de los seres vivos hay una variadísima gama de especies, que, por sus formas, por su colorido, por su pelaje, etc., son mucho más llamativas y mucho más vistosas que la criatura humana. Más vistosas sí, pero más bellas no porque cualquiera de ellas es menos perfecta. La prestancia que posee el hombre no se da en ningún otro viviente. El hombre tiene un porte y un rostro que son únicos. Ambos revelan una superioridad y una perfección de las que carecen las demás criaturas de este mundo. Hay una belleza en el porte que no se encuentra ni en el animal más sugerente. La imagen de un caballo bien adiestrado —ejemplo típico de animal bello— que sea capaz de movimientos logrados es de una elegancia notable, pero por muy conseguida que esté, siempre será menor que la del jinete que lo maneja o la amazona que lo monta. En gran medida la belleza que manifiesta el caballo no es sino proyección del buen hacer de su domador, y sin él, aquella no se daría. Un espectador impresionado por una serie preciosista de ejercicios de doma incurriría en un despiste de bulto si quedara más fascinado por el caballo que por su jinete, o si sus aplausos fueran más destinados al animal que al hombre.

El mundo natural está impregnado de belleza, es verdad, pero especialmente por la contribución del ser humano. Esto no quiere decir que nuestro papel sea decorativo, para engalanar la creación, puesto que nosotros no estamos en función de ninguna otra criatura, ni del conjunto ordenado de todas ellas; al revés, son las demás criaturas las que están para nosotros.

Ahora bien, esto no quita para que nuestra presencia en el cosmos, además de ser un fin en sí misma, haga más esplendoroso el mundo. Pero con una distinción cualitativa, que consiste en que nosotros no embellecemos el mundo al estilo de como lo hacen las flores o las estrellas, seres irracionales y caducos, sino con la peculiaridad de los seres libres e inteligentes, creadores de cultura, cuya existencia deja una huella personal que se extiende de manera incontrolada en el tiempo y que tiende a perpetuarse. Todo esto hace al mundo infinitamente más hermoso. Acercarse al misterio del hombre —y de cada hombre— desde la consideración de su belleza y de su valor personal único nos hace casi temblar. De admiración y de espanto. Somos joyas vivientes, todos con igual dignidad de personas, pero cada uno distinto de todos los demás. Es verdad que estas joyas que somos, a menudo nos encontramos tan deteriorados que nadie nos reconocería como tales, pero la restauración siempre es posible porque la condición de joyas no se pierde. Y, por si fuera poco, lanzados, además, a una vida que no caduca como la de los meros mortales, sino a una vida de infinitud. Repitamos la idea anterior de manera destacada: por el hecho de ser personas, somos *joyas vivientes*.

Para terminar, queremos traer al final de estas reflexiones un par de citas. Por una parte, un texto de C.S. Lewis que dice así: «No hay gente vulgar. Nunca hemos hablado con un mero mortal. Mortales son las naciones, culturas, corrientes artísticas y civilizaciones. Su vida se parece a la nuestra como la de un mosquito. Los seres humanos con quienes bromeamos, trabajamos, nos casamos, a quienes desairamos y explotamos son inmortales: horrores inmortales o esplendores inacabables». Y, de forma todavía más significativa: «Es muy serio vivir en una sociedad de posibles dioses y diosas, recordar que la persona más estúpida y sin interés con la que podamos hablar puede ser algún día una criatura ante cuya presencia nos sintamos movidos a adorarla...»

Ahora ya podemos empezar a entender de qué hablamos cuando hablamos de belleza: de una dimensión del ser humano que, sin desestimar la belleza física, es sobre todo espiritual.

La otra cita pertenece a santa Catalina de Siena, según se puede ver en varios manuales de espiritualidad. Según recogen diversos autores, en una de las revelaciones privadas, el Señor le dijo a santa Catalina estas palabras: «Hija mía, si te mostrara la belleza de un alma en gracia, sería la última cosa que verías en este mundo, porque el resplandor de su hermosura te haría morir».

Con esto no queremos dar a entender que no valoremos la belleza que entra por los sentidos o la belleza corporal, pero debemos situarla en el lugar que la corresponde, que no es el primero. A la educación le toca hacerse cargo de las dos, según la idea platónica de educación que comentábamos en el artículo anterior. Mejor dicho: a la educación le corresponde cultivar la belleza integral, la belleza en todas sus dimensiones, sabiendo que existe una belleza no sensible mucho más valiosa que la que se ve y se oye. Esa belleza, la belleza integral, es la belleza de la cual se ha dicho que salvará al mundo, no las mascaradas de belleza inventadas por los intereses egoístas de una sociedad materializada y materialista, en la que, puestos a consumir, consumimos de todo, hasta la belleza.

Este mundo nuestro, tan comercializado y tan afanado en ganar dinero, a la hora de comprar y vender, no conoce fronteras. Trafica con todo, con lo terreno y con lo elevado, con lo más vulgar y con lo más sublime, con lo profano y con lo sagrado. Y mercadea también con la belleza. Se sirve de ella, pero no la cultiva. Promueve espectáculos y concursos de belleza que no van más allá del exhibicionismo y la voluptuosidad, utiliza gente «guapa» para comprar y vender, para la publicidad y para sostener industrias y mercados como los del vestido, la cosmética, la discografía, el cine, los medios de comunicación y la política. Y en el extremo de su bajeza no solo la ha usado, sino que la ha pervertido al hacer de ella un reclamo para actividades innobles, como es la industria pornográfica.

Desde el mundo de la educación no es poco lo que podemos hacer para evitar estas perversiones. Hemos de reivindicar la belleza para internarnos en sus adentros, para descubrir su alcance, para gozar de su esplendor y para educar en ella.

3. Ámbitos de belleza: naturaleza, arte y persona

En cuanto a su actuar, el hombre es capaz de acciones inteligentes: técnicas, éticas y estéticas. Para actuar en cualquiera de estos tres campos hace falta que el hombre aprenda.

A la educación le corresponde preparar a la persona para que sea capaz de acciones de los tres tipos. Para el caso que nos ocupa, nos quedamos solamente con las acciones estéticas.

La educación estética tiene dos grandes objetivos: aprender a valorar la belleza existente y conducir a la persona a ser creadora de belleza. Ambas cosas pueden enseñarse.

1. Para aprender a valorar la belleza hay dos caminos: la naturaleza y el arte. Para recorrer esos caminos no hay más remedio que entrar en contacto directo con la creación natural y con las creaciones artísticas: las grandes y las menos grandes. El contacto con la naturaleza, la contemplación serena de paisajes del mar y de la tierra, la apreciación de colores, formas, sonidos y movimientos en el mundo de las plantas y los animales, etc., son recursos imprescindibles y a los que podemos acceder hoy con relativa facilidad. Afortunadamente vivimos en una tierra, España, en la cual podemos gozar de una variedad geográfica impresionante. El contacto asiduo con un ambiente natural en el que podemos educar en la contemplación estética hace un bien inmenso a toda persona, especialmente a los niños. Las huellas que produce el disfrute estético en una sensibilidad tan impresionable como la sensibilidad infantil, no se borran nunca, y tienen un efecto beneficioso que se extiende en el tiempo. Así lo han entendido los pedagogos de todas las épocas, sin excepciones, y no hay propuesta educativa seria que no lo contemple. No es necesario insistir más en este punto, aunque viene bien caer en la cuenta de los peligros que provienen de los abusos de una vida cada vez más tecnificada, que teniendo sus ventajas y resultando muy útil, adolece de un riesgo bien conocido, el de vivir de espaldas a la naturaleza.

El camino del arte es más complicado. Si las ventajas del contacto con la naturaleza no necesitan ser explicadas, porque todo el mundo las ve claras, el contacto con el arte parece como si fuera más trabajoso. Además, contamos con un inconveniente serio y es que mientras la belleza natural es eminentemente objetiva, la valoración de las obras de arte se presta mucho más a las apreciaciones del gusto individual. Añádase a esto que, en general, en la educación que la mayor parte de los adultos hemos recibido, las materias artísticas han sido escasamente valoradas. Piénsese, por ejemplo, en el lugar que hasta hace cuarenta o cincuenta años han ocupado en nuestros estudios de Primaria y de Secundaria las artes plásticas o la música: o apenas existían o tenían rango de segundonas. Aún hoy están en clara desventaja respecto a las consideradas «importantes» —no decimos que no lo sean, porque importantes son todas— costándonos a los profesores, en muchos casos, un enorme trabajo hacer entender el valor que tienen.

Por si esto fuera poco, contamos, además, con el caos en que se desenvuelve el arte actual, el cual entró hace ya décadas en la misma situación de crisis en la que entraría después la educación, la familia, la autoridad, la filosofía y la religión. Entre las causas de la crisis del arte —y también en sus efectos visibles— está que muchas de las creaciones que se nos presentan como obras de arte, en lugar de cultivar la belleza, rinden culto a la fealdad hasta el punto de constituir el movimiento artístico del feísmo. A un abultado sector del arte actual le ha dado por lo esperpéntico, por lo absurdo, por lo ridículo, por lo pornográfico y por lo violento.

Si por una parte nuestra cultura artística es, en general, muy escasa y por otra se nos presentan como creaciones de belleza lo que no lo son, acabamos refugiándonos en una postura muy generalizada que se resume en dos palabras: «no entendemos». ¿Cómo que no entendemos? No nos engañemos, ni nos dejemos engañar diciendo que no entendemos de arte y callando así nuestro sentido natural de lo bello. No seremos entendidos en los diversos estilos y movimientos artísticos que recoge la Historia del Arte, pero nadie tiene que decirnos cuándo una obra de arte nos hace vibrar o nos deja fríos. ¿Cómo que no entendemos? ¿Tiene que enseñarnos alguien cuándo un cuadro de pintura nos eleva el alma o bien nos produce indiferencia o repugnancia? ¿Acaso no sabemos distinguir cuándo una película nos edifica o remueve nuestros instintos más bajos? Hablemos claro y llamemos a las cosas por su nombre. ¿Desde cuándo la belleza se ha basado en el absurdo, desde cuándo lo que ha producido terror o asco ha merecido ser llamado bello? Al decir esto no estamos negando el gusto personal, ni la subjetividad en la apreciación de las cosas, pero, sin despreciar la subjetividad de quien escucha un tema musical, contempla una escultura o visiona una película, hay un elemento objetivo que es el contenido real de la obra y que todos sabemos valorar.

Sea porque el arte se presta a valoraciones subjetivas, sea porque no hemos sido educados en este campo, sea por la desorientación del arte actual, o sea por la reunión de las tres causas, lo cierto es que muchos de nosotros acabamos si no despreciando el arte, sí viviendo como si todo ese mundo no tuviera nada que ver con nosotros, como si se tratara de una especialidad para unos cuantos entendidos o aficionados. De este modo nos privamos de disfrutar de las obras de arte y, lo que es peor, no educando el gusto artístico de nuestros hijos o alumnos, y, en consecuencia, les privamos de una visión estética del mundo y de la vida. Para contrarrestar esta situación tan triste comencemos valorando la belleza. Aprendamos a valorarla y enseñemos a valorarla.

2. Con la apreciación de la belleza presente en la naturaleza o en las obras de arte no termina la educación de la belleza. El segundo gran objetivo educativo está en conducir a los niños y a los jóvenes para que sean creadores de belleza. La dureza en la crítica anterior hacia muchas de las manifestaciones del arte actual podría hacer pensar que nos hemos refugiado en los patrones de belleza clásicos y que nos rechinan las innovaciones del arte actual. Nada más lejos de nuestra intención y de nuestras convicciones. Una cosa es que nos neguemos a llamar obra de arte a aquella que nos deja fríos o turbados, por más

que nos la alaben, o por muy alto que sea el precio que se pague por ella, y otra, que no aceptemos el necesario progreso en este campo. La vida humana, y con ella la cultura, es progresiva por necesidad. El hombre es un ser creativo. Necesita mirar a la Historia para aprender de ella y está llamado a crear cultura, siempre nueva. Lo que pasa es que es imposible pensar en crear y en innovar en el gusto estético cuando este previamente no se valora. Una educación rica en experiencias estéticas hace al espíritu más sensible, lo perfecciona por elevación, lo perfila y lo dispone a encontrarse con el bien, allí donde este se encuentre. Hoy, igual que siempre, no podemos pensar en una educación moral o ética separada de una educación estética.

La creatividad es uno de los grandes temas pendientes en nuestro sistema de enseñanza. Nos puede parecer que solo los especialmente dotados para el arte pueden cultivar la belleza. No es cierto. Es verdad que son muy pocos los llamados a ser músicos o poetas consagrados, cineastas o escultores, oradores, fotógrafos o bailarines. Pero sí son muchos los que, por una parte, pueden hacer sus pinitos en cualquiera de esos campos, aunque estén convencidos de antemano de que nunca harán carrera artística. Las dotes artísticas para participar en la creación de obras de arte no son patrimonio exclusivo de los profesionales del arte. Y si algunos tampoco tenemos cualidades para hacer esos pinitos, ahí tenemos el variadísimo mundo de la artesanía, en el cual podemos iniciarnos todos porque todos cabemos en él, aunque tampoco todos con igual fortuna.

Para terminar, añadamos a lo anterior la existencia y la importancia de otro tipo de belleza. Es la belleza moral, la que se produce con las buenas obras, a la cual estamos llamados todos, sin excepción, ya que de obrar bien no podemos excusarnos nadie. Para esta belleza no hacen falta dones especiales ni cualidades de artista, y no es por ello menos valiosa que la belleza estética. La belleza moral es la belleza propia de la persona virtuosa y aventaja a la otra en que no hermosea a las cosas, sino a las personas. Ahora la obra de arte no es una «cosa», sino una persona, la persona educada. Por eso quien educa está participando en una obra de arte que sobrepasa con mucho a la más bella de las creaciones estéticas nacida de la mente o de manos humanas. Y, curiosamente, a participar en la tarea de educar estamos todos invitados.

4. Hacia la belleza a través de la música*

Desde nuestra situación de maestros que comparten con los padres las inquietudes sobre la educación de niños y jóvenes, vamos a tratar hoy un tema muy importante y no siempre considerado en la tarea educativa: LA MÚSICA. He aquí algunas preguntas: ¿tiene algo que aportar la Música a la educación?, ¿dónde reside su importancia?, de todos los tipos de música ¿por cuál nos decidimos?

Partimos de que en todo proceso educativo, lo importante es la persona. Una persona a la cual nosotros, los educadores, hemos de ir haciendo progresar, desarrollando y dando cauce a todas las capacidades físicas, intelectuales y espirituales que posee. Con respecto al desarrollo del cuerpo y la inteligencia, parece que todos tenemos claro que hay que cuidarlo y potenciarlo. Si un niño no come bien o no anda a su debido tiempo, la preocupación es grandísima y no tardamos en acudir a quien pueda resolver ese problema. De igual modo cuando empiezan a complicarse las cosas en el aspecto intelectual y nos damos cuenta de que el niño se va quedando rezagado, nos preguntamos si sería necesario reforzarle con alguna clase «extra».

No está tan claro que este interés esté tan generalizado cuando se trata de cultivar las capacidades espirituales. Digamos que hoy en día nuestra atención en cuanto a lo educable se queda en las capas más superficiales: el cuerpo y la información, pero tenemos marginada esta otra dimensión profunda de la formación que dará solidez a la persona para toda su vida. «La información es cantidad de conocimientos; la formación es profundidad de conocimiento y cultivo del espíritu».

---

* Artículo escrito y cedido por la esposa del autor, profesora de Música en varios colegios de Educación Primaria.

Pues bien, en este cultivo del espíritu es donde entra la música, que es «un lenguaje de naturaleza invisible que expresa la vida humana sensible y creadora». ¿Por qué la música cultiva el espíritu? Pues porque su campo es la belleza y la belleza es un bien. Y, ¿qué es la belleza? Como no tenemos palabras para llegar a la esencia de este concepto, intentaremos aproximarnos a ella diciendo que es: orden, simplicidad, perfección, esplendor... y todo ello atrayente.

Hay dos posturas del hombre ante la belleza: la de creador o artista y la de contemplador o espectador. Pues bien, los educadores hemos de estar alerta para descubrir cuál es la capacidad de cada niño para acercarse a la belleza y para ello contamos con la música como medio excepcional. Serán algunos los que puedan cultivarse como creadores. A ellos habrá que formarlos estética y técnicamente mediante la educación artística, pero todos estamos preparados para captar y apreciar la belleza si se nos educa esa capacidad mediante la educación estética. Se trata, pues, de favorecer y fomentar el «buen gusto».

Está comprobado que el niño, aún antes de nacer, capta las ondas acústicas a través de todo su cuerpo. Se señala el quinto mes de embarazo como momento propicio para iniciar la educación musical, pero «son muy escasos los padres y educadores que se interesan por las repercusiones de las imágenes sonoras y por la influencia que ejercen sobre el desarrollo fisiológico y psicológico, es decir, moral, ético y estético».

En un día normal, la música nos invade. Todo tipo de música. Música capaz de sosegar y elevar el alma (las menos) y música capaz de fomentar todo tipo de conductas agresivas y destructoras. Esto sin entrar a considerar las letras de las canciones que escuchan nuestros jóvenes, que son, en muchos casos, una contribución más a grabar en ellos una forma de ser y de actuar de acuerdo a los únicos criterios de comodidad, hedonismo...

A nadie nos resulta extraño ver a un joven con los cascos puestos en cualquier lugar y la música puesta a todo volumen, sin caer en la cuenta de que la presión a la que sometemos al oído cuando la intensidad es muy alta y de manera muy frecuente, puede llegar a dañar el oído produciendo la sordera e incluso desequilibrios psíquicos.

¿Podemos hacer algo los padres y educadores para que en nuestros niños arraigue ese «buen gusto», para que los criterios de estética estén en su ser persona? Teniendo en cuenta lo que se ha dicho más arriba, apuntaremos algunas ideas, si bien el campo es amplio para acoger la creatividad e imaginación de los educadores:

1.º Es muy importante que recuperemos el valor del silencio que es el clima propicio para entrar en nosotros mismos, para reflexionar, para descubrir nuestra dimensión trascendente. Televisión, teléfonos móviles, videojuegos, etc., nos proporcionan una sobreabundancia de impresiones acústicas que somos incapaces de asimilar, produciendo así personas sin un fondo, con mucha información, pero poca formación, personas que se mueven en los niveles más superficiales dejándose llevar por lo que se lleva en cada momento porque no tienen tiempo de interiorizar.

2.º Hagamos una distribución racional del tiempo de forma que las impresiones acústicas no agobien el desarrollo armonioso del niño.

3.º Puesto que una buena parte de la educación de las personas se adquiere por inmersión en un ambiente, por impregnación, procuremos dar a nuestros niños y jóvenes la música más bella a nuestro alcance. La cuestión no es si gusta o no gusta una u otra clase de música, sino en qué clase de música es la que hace crecer como persona, es decir, cuál es la que perfecciona, con cuál de ellas el progreso educativo tiende al bien.

Somos conscientes de la dificultad para educar en el buen gusto cuando desde hace ya bastantes años, junto a una mayor facilidad de acceso a las grandes obras y a la buena música, existe una tendencia muy fuerte a suprimir la belleza de las manifestaciones artísticas. En cambio, tenemos a nuestro favor que la atracción por la belleza está en la naturaleza de las personas.

Desarrollar las capacidades artística y estética es un deber de todo educador, al tiempo que es un derecho de toda persona. Es verdad que la corriente ambiental contraria a los valores estéticos y morales es muy fuerte, pero ¿será más fuerte que el interés de los padres por el desarrollo armónico de su hijo?, ¿seremos capaces de dejar la educación de nuestros niños en manos de «lo que se lleva»?, ¿entraremos, también en este campo, en la comodidad de la dejación? Cada nueva vida es un proyecto precioso cuya meta es la belleza última, pero necesita de ayudas para apuntar en cada momento a ese ideal. Sus ayudas somos nosotros: los padres y los educadores y disponemos de la música como cauce a través del cual, a modo de mágico intercambio, se produce el acercamiento de la belleza a la persona y la elevación del espíritu hacia esa misma belleza.

5. La belleza de la familia (I)

Desde hace seis o siete décadas, la Iglesia ha mostrado un interés especial por la familia. Tal vez la causa sea que nunca, a lo largo de los siglos, ha habido ninguna otra institución natural tan atacada como lo está siendo ahora la familia, ninguna tan zarandeada y tan herida. Creo que se puede decir, sin miedo a exagerar, que actualmente no tenemos otro problema social de mayor hondura. Y no será que andamos escasos de problemas serios: los derivados de la política y de la economía, las dificultades sociales de todo tipo (el suicidio demográfico, la juventud y su futuro, la inseguridad, la soledad, el paro laboral, las adicciones, la corrupción política...). Muchos y muy graves, pero ninguno tan preocupante en estos momentos como el cúmulo de dificultades con las que se encuentra la vida familiar. Estamos ante un problema con varias caras, que nos afecta a todos en diversa medida, un problema que a muchos les está suponiendo sufrimientos muy dolorosos, de los cuales una parte se exterioriza abiertamente, mientras que otra buena parte queda ahogada en el más callado de los silencios.

Pienso ahora especialmente en los muchachos jóvenes, chicos y chicas, llamados al matrimonio y a la fundación de familias nuevas. ¡Qué complicado lo tienen, qué difícil! Tanto que muchos optan por no casarse porque no se ven a sí mismos como artífices de sus propias familias. Y no porque la convivencia no les resulte deseosa, que es tan apetecible como siempre, pero sin fundamentarla en el matrimonio, como ha sido habitual en nuestra cultura hasta no hace tantos años. Y menos aún si hay que pensar en fundar una familia. ¿Este modo de proceder es egoísmo?, ¿este rechazo al compromiso es culpable? Si lo fuera, ¿los culpables son ellos? Solo Dios sabe. A mí lo que sí me produce es una pena grande porque veo que no sueñan con ser esposos y esposas, padres y madres. Me da pena por ellos porque los sueños son un trampolín imprescindible para llevar la vida adelante con ánimo, y me da pena por la asfixia social que supone la falta de familias nuevas. Me da pena porque escaseando los niños y los jóvenes, escasea mucha vida. Algo falla cuando resulta más atrayente un currículo cargado de títulos que un hogar cargado de hijos. Algo muy serio debe estar fallando cuando hemos subordinado el proyecto de familia al proyecto de trabajo, en lugar de hacerlo al revés. Mucho estamos fallando cuando hemos asumido como normal la falta de fecundidad, poniendo el tope al número de hijos en dos, en uno o en ninguno. Algo falla cuando a los jóvenes, a sus padres y a sus maestros les parecen más importantes los proyectos de los hombres que los proyectos de Dios, sin caer en la cuenta, unos y otros, de que cada familia, sin dejar de ser un proyecto humano, es un proyecto bajado del cielo.

Si pusiéramos en la formación familiar de los futuros padres y madres una décima parte del celo que ponemos en su formación académica y profesional, a algunos nos parecería un éxito. Al decir esto no estoy arremetiendo contra la formación académica, entre otros motivos porque he dedicado la totalidad de mi vida laboral a la docencia, poniendo mucha dedicación en formar académicamente a centenares de muchachos, haciendo cuanto he podido para ayudarles a que llegaran tan alto como les fuera posible. Pero los hechos son tozudos, y es claro que en nuestra sociedad actual necesitamos muchos más esposos y esposas que técnicos y graduados, de la misma manera que nos hacen más falta niños que mascotas. Con un añadido, y es que los graduados, una vez graduados ya no se desgradúan. Nadie en sus cabales rompe un título universitario y tira los trozos a la papelera, aunque el título no lo pueda ejercer, mientras que son muchos los que hacen trizas su matrimonio. Redondeando las estadísticas de los últimos años, en España el número de divorcios por año dobla el de matrimonios contraídos.

Nadie dilata voluntariamente durante años y años la consecución de un título o de unas oposiciones y en cambio nuestros jóvenes, en general no se casan; bien porque rehúsan el matrimonio, bien porque los que se casan, cuando lo hacen, ya no son jóvenes. ¿Son culpables de todo esto? Pienso que algo de culpa sí les tocará, pero yo me resisto a cargar sobre ellos la responsabilidad de que no sueñen o de que tengan sueños de vuelos bajos porque la responsabilidad de los sueños no recae por entero en quien tiene que soñar. Los grandes responsables de los sueños de los niños y de los jóvenes somos los adultos. Padres, sacerdotes, maestros, catequistas, y en general formadores de opinión, somos a quienes nos corresponde animar, promover, alentar, ilusionar, abrir caminos.

Y esto no lo estamos haciendo, al menos no lo estamos haciendo en la medida que socialmente lo necesitamos. No me refiero a la sociedad en general, porque la sociedad en general no es conductora sino conducida. No lo están haciendo los gobernantes desde hace muchas décadas, a los cuales les corresponde una carga mayor de responsabilidad, porque han recibido el encargo de trabajar por el bien común y el bien común pasa, necesariamente, por la promoción y el bienestar de la familia. Pero aún es más grave y mucho más doloroso que no lo estemos haciendo muchos cristianos, los que sí creemos en la familia y decimos defenderla. No la estamos defendiendo ni promocionando porque en buena parte hemos asumido los mismos planteamientos de quienes con sus ideas o su conducta están contribuyendo a su deterioro. Fuera de una minoría ejemplar y coherente, la gran mayoría de los bautizados, con culpa o sin culpa (eso Dios lo sabe) participamos de un estilo de vida y unas costumbres que son abiertamente contrarias a la doctrina de la Iglesia sobre la familia. He aquí algunos ejemplos:

— Hemos aceptado como normal que la mayor parte de las parejas de novios que piden el matrimonio católico lleven años de cohabitación prematrimonial. Y no lo es.

— La media en el número de hijos de los matrimonios cristianos no difiere sustancialmente de la media en otras formas de convivencia entre hombre y mujer.

— No hay grandes diferencias en los datos sobre rupturas matrimonios contraídos por la Iglesia y el resto.

— Rechazo de la maternidad y de la ancianidad. Tanto el cuidado de los hijos como el de los ancianos se imponen sobre todo como cargas difíciles de asumir y de las que hay que desprenderse cuanto antes.

— Extensión del concepto de matrimonio a convivientes del mismo sexo.

Estos males son solo una muestra de un repertorio mucho más extenso con los que las familias se enfrentan, pero yo no quiero dedicarles una sola línea más. Lo que corresponde ahora es ver qué podemos hacer nosotros, los hombres y mujeres de a pie, los que no tenemos grandes responsabilidades en este campo. Pienso en tres cosas:

Lo primero y más importante es rezar. Rezar mucho no tanto por la familia en general —que también— cuanto por las familias concretas que conocemos, por los matrimonios en riesgo de ruptura y por los hogares en dificultades.

En segundo lugar, viene bien llamar a las cosas por su nombre. Una separación o un divorcio no son opciones de vida sino fracasos.

En muchos casos no serán fracasos culpables, pero son fracasos. Al decir esto no se me olvidan las víctimas de estos fracasos y su sufrimiento, víctimas inocentes, especialmente los hijos, pero también la persona que se ha visto burlada y engañada por quien le había prometido compañía, amor y fidelidad. El hecho de que haya víctimas que sufren, es precisamente lo que demuestra que el divorcio o la ruptura no son opciones a las que aspirar, sino desgarros dolorosos. Llamar a las cosas por su nombre exige no frivolizar con algo tan serio como el matrimonio. Y es que desde hace ya décadas hemos frivolizado mucho con el divorcio, y lo seguimos haciendo. En muchos casos parece como si el hecho de divorciarse no fuera sino un signo de puesta al día, de estar a la última. Estoy convencido de que, si por causas que ahora no se me alcanzan, de repente se pusiera de moda el matrimonio indisoluble y fiel, el número de divorcios descendería de forma significativa sin más motivo que estar en la corriente dominante.

En tercer lugar, debemos actuar. Me refiero a los matrimonios que nos mantenemos unidos pese a los baches que podamos coger y las dificultades que haya que superar. Puede parecer que quienes no podemos influir directamente en las leyes ni disponemos de medios para generar corrientes de opinión, no podemos hacer nada. Pero eso no es cierto. Tenemos una gran responsabilidad, especialmente los matrimonios cristianos, en mostrar la belleza del matrimonio y de la familia. No se trata de llevar adelante tareas especiales ni grandes trabajos, sino en no apagar la luz que nos ha sido dada. Después, si hay matrimonios concretos a los que se piden otras responsabilidades, que respondan, pero en principio, todo matrimonio normal está llamado a ser luz para los que les rodean. A mí me parece que esto suele pasar desapercibido y por eso creo que viene bien recordarlo. Me vienen a la memoria unos versos de Antonio Machado:

El ojo que tú ves no es
ojo porque tú lo veas,
es ojo porque te ve.

Para hablar con rigor, habría que hacer alguna objeción importante a los versos de nuestro poeta, pero para el propósito que aquí se sigue, podemos parafrasearle y decir que la luz que un buen matrimonio desprende no es luz porque lo vean quienes la irradian, sino porque lo ven los demás. Ojalá haya muchos y ojalá sepamos ayudar a verlo, sobre todo a los jóvenes.

6. La belleza de la familia (II)

Doy por hecho, lector, que has oído en muchas ocasiones —y quizá hayas dicho también— eso de que toda persona necesita amar y ser amada. Es un lugar común muy transitado, una verdad tan evidente y tan compartida que resulta difícil encontrar quien la conteste. A causa de este consenso generalizado y de su uso repetido, es muy probable que le prestemos escasa atención y nos detengamos poco en su contenido. Ahora bien, no por oída se convierte en superficial, y no por repetida debemos dejar de considerarla; al contrario, es una verdad de tanto peso que bien merece que la examinemos con cierto detenimiento. Al menos por dos motivos: uno, por su relación con la familia, y dos, porque siendo cierto que toda persona necesita amar y ser amada, también es cierto que no necesita de ambas cosas de la misma manera.

Comienzo por este segundo motivo. Toda persona necesita amar y ser amada. Estamos ante una afirmación doble, una de cuyas partes es activa: «toda persona necesita amar», fundamentada en el verbo dar, y otra pasiva, «toda persona necesita ser amada», fundamentada en el verbo recibir. En realidad, se trata de dos afirmaciones que solemos pensar unidas, cada una con el cincuenta por ciento del valor total, conviviendo ambas en un supuesto equilibrio igualitario. Pues bien, hay que decir que esto no es así. Esa supuesta igualdad entre amar y ser amado solo cabe imaginarla teóricamente, pero está lejos de encontrarse en la práctica, en la vida habitual de cada día. Dicho esto, aparcamos de momento esta idea para retomarla de inmediato.

Vamos ahora con el primer motivo antes señalado: la relación única y preciosa que guarda el amor con la familia. Es una relación que podemos abordar desde diversos puntos de vista. Yo quiero introducirme en ella echando mano de un principio que he visto tratado muchas veces, y al que yo mismo recurro con frecuencia cuando tengo que hablar de educación. Ese principio es la idea de que la persona humana es perfectible. El hombre es un ser progresivo. Toda vida arranca desde un alto grado de inmadurez en el nacimiento y a la vez está llamada a una perfección que prácticamente no conoce límites. ¿Cómo se realiza este perfeccionamiento? En el plano meramente humano, desde lo que podemos hacer con nuestras fuerzas, el gran activo es la educación, la cual a su vez está basada en el aprendizaje. Venimos a este mundo con una dotación de instintos mínima, importante pero muy precaria, que por sí misma no nos asegura la supervivencia. Como compensación de esta dotación deficitaria está la capacidad para el aprendizaje ya que del mismo modo que apenas podemos echar mano de nuestros instintos, a la vez tenemos una altísima capacidad para aprender. Este es el gran fundamento humano de la educación, este es su fundamento antropológico: que posemos una amplísima capacidad para aprender, gracias a la cual la vida entera puede ser considerada como tiempo de aprendizaje.

Pues bien, dentro del inmenso repertorio de cosas que hemos de aprender (conocimientos, actitudes, estrategias, habilidades, normas, etc.) también está el amor. Tenemos que aprender a amar. El amor no es una cosa instintiva, aunque haya diversos impulsos instintivos que concurren en él. Pero no se ama por el solo hecho de haber nacido hombre, se ama si se aprende a amar. El amor es pluridimensional porque así es la persona humana; podría compararse con una cuerda formada por varias hebras, de las cuales la más importante es la voluntad. Que la voluntad sea la dimensión fundamental para amar es lo que hace que haya que aprender a amar ya que nadie nace con su voluntad bien educada. Cualquiera que haya tenido que participar de la tarea educadora, aunque haya sido en escasa medida, habrá experimentado, desde los primeros lances de esta tarea, que la educación de la voluntad exige de un esfuerzo continuado, paciente y lento, lleno de impedimentos que surgen por todas partes, desde el exterior y desde el interior de la persona (digamos de paso que estos, los impedimentos interiores, son los más correosos y los más resistentes), de innumerables contratiempos, caídas, recaídas y levantamientos. Todo ello evidencia la relación directa de la educación en el amor con el dominio de la voluntad.

Por eso, mientras que la voluntad no esté afianzada, la capacidad para amar será muy escasa, y la necesidad de ser amado muy grande. Esto es lo propio de una persona que aún está por hacer, un niño o un adolescente, que por una parte muestre una alta necesidad de ser amado y que a la vez tenga muy escasa capacidad para amar. Y es lo que suele ocurrir también en personas adultas que no han llegado al grado de madurez esperable, sean cuales sean las causas.

En la infancia esta necesidad de ser amado se manifiesta de manera egocéntrica (conviene no confundir el egocentrismo con el egoísmo). Cualquier niño normal todo lo interpreta en función de sí mismo, para el niño toda su vida gira en torno a él, buscando satisfacer lo que él entiende como el propio bien. Así es y así debe ser. Conviene aprovechar esa tendencia para que la persona aprenda a amarse a sí misma correctamente porque ese será el cimiento sobre el cual poder edificar más adelante el amor verdadero, el amor excelso, el amor de donación sin intereses egoístas.

También es egocéntrica la adolescencia, si bien en este período de la vida, el egocentrismo convive con el despertar a los grandes ideales y con las primeras inquietudes por el bien ajeno. Se trata de una etapa difícil y a menudo desconcertante porque el adolescente se encuentra sometido, en este campo, a dos fuerzas contrarias: por una parte, no ha abandonado el egocentrismo de la infancia y por otra se ve llamado a abrirse a los otros, especialmente al grupo de iguales. Si el lector es padre o profesor de adolescentes, se habrá encontrado con frecuencia con que sus hijos o alumnos se muestran en unas ocasiones extraordinariamente generosos, abiertos a los ideales más elevados, y en otras terriblemente egoístas, pasando de un extremo a otro con una facilidad pasmosa.

La vivencia de estos dos tipos de conductas contrarias, una egocéntrica y otra altruista, puede producir una desazón interior del adolescente consigo mismo provocada por la falta de luz y de estabilidad interna, un no saber muy bien quién y cómo es uno mismo y probablemente un no saber qué y quién quiere ser. Todo esto desemboca en una identidad insegura, como si la persona estuviera en riesgo de dejar de ser quien todavía no es. Es una etapa provisional, que en un proceso de normalidad viene a estabilizarse al final de la adolescencia, pero que mientras dura mantiene a los muchachos en una situación en la cual se hace prácticamente imposible que uno se ame a sí mismo porque cada vez que el adolescente, haciendo un ejercicio de introspección, vuelve sus ojos hacia su propia persona, no ve que haya nada de amable en ella. Digamos de manera resumida, para no alargar este punto, que el adolescente se percibe a sí mismo internamente como una maraña de sensaciones e ideas contradictorias cuya gestión resulta complicada y en la que el amor anda todavía muy inmaduro.

Por otra parte, este estado interior inseguro e inestable, exteriormente se manifiesta como una incesante búsqueda de reconocimiento por parte de los demás. Que los demás me quieran, que me lo hagan ver, que se me tenga en cuenta, que se me reconozca, que se cuente conmigo... Demos por bueno que esto ocurra en la adolescencia que es una etapa crítica, de apertura al mundo y de maduración intensa en la cual la identidad personal está cuajando, pero qué pena cuando nos encontramos con personas cargadas de años en las que se reproducen estas vivencias y comportamientos que son propios de la adolescencia. ¡Cuántos adultos, hombres y mujeres hay hoy, turbados con estos quebraderos de corazón que conducen forzosamente al hoyo de los quebraderos de cabeza! ¡Cuánto desequilibrio entre la necesidad imperiosa de ser amados a toda costa y la menos imperiosa de amar desinteresadamente! ¡Cuánta búsqueda ciega de uno mismo por caminos errados, cuyo fin, archidemostrado, no es otro que un peregrinar de frustración en frustración con la compañía de un lamento continuo! ¡Cuánto sufrimiento inútil perfectamente evitable si nos hubieran enseñado a amar y/o nos hubiéramos empleado en aprender! ¡Cuántas rupturas matrimoniales no tienen otra causa real, de fondo, que las consecuencias de estos desajustes afectivos!

He titulado esta serie de artículos SOBRE LA BELLEZA DE LA FAMILIA y aún no ha habido oportunidad de explicar la razón del título. Ahora llega el momento de hacerlo. Belleza de la familia por varios motivos, el primero de los cuales está en que es —debería ser— escuela de amor. Este es su cometido: enseñar a amar. Enseñar a amar de verdad, que no es lo mismo que alimentar las tendencias egoístas que todos llevamos dentro y a las que a veces disfrazamos con nombres pomposos: creatividad, filantropía, originalidad, bondad, etc.

La familia fundada en el matrimonio, especialmente cuando nos encontramos ante un matrimonio fecundo, es el gran escenario para el amor porque por su misma naturaleza es la única comunidad que ofrece las condiciones necesarias para ejercer el amor humano en sus distintas variantes: el amor conyugal bendecido y santificado con el sacramento del matrimonio, el amor de padres a hijos, de hijos a padres, entre hermanos, entre abuelos y nietos. Escuela de amor, escuela de virtudes, escuela donde se aprende a superar el egoísmo, a formar y fortalecer la voluntad.

En el artículo precedente dejé expresado el pesar que me produce ver que muchos de nuestros jóvenes están más interesados por la posesión de un currículo apretado y brillante que por la formación de familias donde estas necesidades básicas de amar y ser amado puedan satisfacerse con naturalidad, con sencillez y alegría. Un buen currículo no tiene nada de rechazable y es muy loable que quien pueda se empeñe en conseguirlo, pero por sí solo no tiene asegurados frutos de amor, mientras que de una buena familia sí cabe esperarlos. Un buen currículo es un invento humano mientras que la familia es un invento divino y cualquier obra humana, por más valiosa que pueda ser, siempre estará por debajo de las obras de Dios y además a mucha distancia. Más aún, un buen currículo o unas buenas perspectivas de éxito social y/o económico pueden poner a sus portadores en riesgo de inflar su vanidad de manera notable (que se hace notar fácilmente) pues no es difícil dejarse seducir por el lucimiento y por el aplauso que suele traer aparejado. Este riesgo es demasiado fácil como para no tenerlo en cuenta. En el reducido círculo de los personajes públicos sobran ejemplos conocidos de todos y en el círculo más amplio que es la sociedad en general tampoco costaría trabajo encontrar casos particulares de personas cuyos éxitos profesionales se han conseguido al precio de romper el matrimonio y dejar profundamente heridos a los hijos (y a los abuelos), a veces para siempre. El fenómeno es muy preocupante, cada caso es un drama y podemos encontrarlo repetido tanto en la realidad como en la ficción. El cine, que tanto podría contribuir a mostrar y difundir los grandes valores de la familia, ofrece un extenso repertorio de películas basadas en lo contrario.

Quienes apostamos por el matrimonio y la familia tenemos una gran responsabilidad para con los jóvenes. Mostrar su belleza, difundirla y defenderla es tarea para la cual no hay especialistas porque nos concierne a todos, al menos a todos los que compartimos estas ideas y creemos en ellas.

7. La belleza de la familia (y III)

Que la familia encierra belleza es evidente. La sola estampa de unos padres con sus hijos es portadora de una belleza que merece ser destacada. Ya lo es en el mundo animal, cuando vemos a una pareja con sus crías, cuanto más en el humano.

Digamos, de paso, que en esta época de cultura animalista no está de más hacer notar la diferencia abismal entre la belleza animal y la humana, a favor de esta última. Creo que se hace preciso llamar la atención en este punto porque dada, por una parte, la bajísima natalidad que padecemos y, por otra, la presión animalista que nos envuelve, podemos acabar encontrando más complacencia en una mascota que en un niño, o en una pareja de animales con sus crías que en un matrimonio y su prole.

Añadamos, de paso también, que conviene no confundir belleza con vistosidad. Si esta diferencia está lo suficientemente clara, no será difícil entender que no hay ningún ser vivo en este mundo que contenga más belleza que el ser humano. El ser humano encierra en su cuerpo y en su alma muchísima más belleza que la que podamos encontrar en el rincón más asombroso de la naturaleza, muchísima más belleza que en el más atractivo de los animales y muchísima más que la que pueda darse en la mayor obra de arte salida de la cabeza y/o de las manos del artista más sublime de toda nuestra historia. Eso no significa menospreciar la belleza que hay en la naturaleza y en las criaturas animales, que es mucha también. Es verdad que en el mundo animal, por ejemplo, podemos encontrar ejemplares más llamativos que el hombre por diversos motivos: por su colorido, por sus formas, por su exotismo, por la exactitud de sus movimientos, etc., pero por mucha belleza que tengan, ninguno de ellos, ni todos juntos pueden irradiar tanta como el hombre, por más que las diferencias no siempre nos entren por los ojos.

Al tiempo hay que decir que no debe extrañarnos que haya quien se encuentre con dificultades para distinguir entre la belleza animal y la humana. Cuando esto se da, cuando no es tan evidente que haya más belleza en el hombre que en cualquier animal, entonces, tal vez haya que examinar los conceptos y revisar qué entendemos por belleza, qué entendemos por hombre y qué entendemos por animal. Es una tarea larga y compleja, por eso, como no se trata ahora de ir viendo uno por uno todos estos conceptos, nos vamos a fijar solo en algunos aspectos del concepto de belleza y a la vez añadiremos algo sobre la situación de alejamiento en que puede encontrarse el hombre respecto a la belleza. Comenzamos por el primero: ¿a qué llamamos belleza?

Una manera de acercarnos al significado de las palabras es hacerlo a través de sus sinónimos. Por esta vía, el término «belleza» es equivalente al de perfección. Cuanta más perfección encontremos en algo, más belleza hay.

Una segunda manera se encuentra en las resonancias sensibles que despierta su contemplación o su disfrute. Esta vía es válida, pero es muy relativa porque depende de la subjetividad de cada cual. Según ella, bello sería lo que nos atrae a cada uno o a muchos a la vez. De aquí al relativismo hay un solo paso. Por eso hay que seguir indagando, a ver si somos capaces de encontrar un concepto de belleza por el cual lo bello sea bello porque sí, por sí mismo, independientemente de qué nos parezca a unos y a otros. ¿Existe ese camino? Sí existe, lo que pasa es que se encuentra en otro concepto aún más escurridizo, el concepto de ser.

Vamos a intentar explicarlo de manera sencilla. Todo lo que existe tiene ser, pero no todos los seres son iguales, no en todos se da la misma concentración de ser. No es lo mismo ser piedra que ser árbol. Tanto la piedra como el árbol son (son seres), pero el árbol tiene más ser que la piedra; el árbol tiene vida, la piedra es inerte. Tampoco es lo mismo ser árbol que ser caballo. Los dos tienen vida, pero hay más excelencia en la vida del caballo que en la del árbol. Así podríamos seguir en la escala de los seres hasta llegar a Dios, «el-que-es», el que es el Ser con mayúsculas, el que tiene y retiene su propio ser sin dependencia de nadie y es además la fuente, el origen y el destino de todo cuanto existe. Pues bien, a mayor excelencia en el ser, mayor belleza. ¿Dónde habrá más belleza objetiva? Respuesta: donde objetivamente haya más intensidad de ser. A mayor excelencia en el ser, más belleza, que en grado sumo y absoluto es en Dios. Dios, que es el Supremo Ser, es también la suprema belleza, la «belleza infinita» que dice san Agustín en sus Confesiones.

Ahora estamos en condiciones de entender mejor la belleza en el hombre. Si Dios es la belleza infinita, y el hombre está creado a imagen de Dios, el hombre encierra más belleza de la que nos entra por los ojos y mucha más también de la que podemos imaginar. Algo podemos barruntar leyendo el salmo 8 donde se dice que Dios hizo al hombre poco inferior a los ángeles. «Lo hiciste poco inferior a los ángeles, lo coronaste de gloria y dignidad, le diste el mando sobre las obras de tus manos, todo lo sometiste bajo sus pies» (Salmo 8, 6-7).

Añadamos (para que nuestra mente no se nos deslice a considerar al hombre en solitario, como si fuera un mero individuo) que el ser humano no fue creado como un ser solitario, sino llamado a la familia. Puesto que «no es bueno que el hombre esté solo», Dios, «los creó hombre y mujer».

Llevado el anterior esquema de pensamiento a la familia, hay que decir que su gran belleza reside en el hecho de que en ella está la fuente natural del ser humano, y el ser humano posee el más alto grado de ser entre las criaturas de este mundo. La familia es, literalmente, cuna del ser y santuario de la vida humana. Hay en la familia un buen repertorio de elementos que también contribuyen a su belleza, pero la raíz está aquí, en que en ella encuentra la vida humana su origen, y no solo su origen, sino también su cuidado y su perfeccionamiento a lo largo de los años. En ella se ponen las bases —y más que las bases— para que la persona aprenda a ser lo que es, a hacerse cargo cada uno de sí mismo y de los demás, a convivir con los iguales y los desiguales, en ella se aprende a pulir y a superar errores, a usar la libertad para obrar bien, a responder de los propios actos, a disfrutar del bien y a rechazar el mal, a mirar la vida con esperanza, a estar pendiente de las necesidades del prójimo y a vivir en sociedad.

En cuanto a la situación de alejamiento de la belleza, nada tiene de extraño que en muchas ocasiones no encontremos ningún rastro de belleza en el hombre porque el ser humano es el único ser de este mundo que puede afearse por sus errores y por su propia negligencia. Mucha belleza hay en el hombre por ser hombre, pero puede quedar muy oscurecida por su mal actuar, sea por las malas acciones de los demás, sea por el mal uso de su libertad, sea por la equivocada gestión que puede hacer de sí mismo. El hombre, de la misma manera que puede perfeccionarse alcanzando cotas muy elevadas, puede también deshumanizarse y degradar su propio ser hasta extremos en los cuales esa belleza no se vea por ningún lado. Ortega y Gasset decía algo muy parecido a esto con palabras que merece la pena considerar. Decía así:

> *«¡...Ser hombre significa, precisamente, estar siempre a punto de no serlo, ser viviente problema, absoluta y azarosa aventura o, como yo suelo decir, ser, por esencia, drama! Porque solo hay drama cuando no se sabe lo que va a pasar, sino cada instante es puro peligro y trémulo riesgo. Mientras el tigre no puede dejar de ser tigre, no puede destigrarse, el hombre vive en riesgo permanente de deshumanizarse. No solo es problemático y contingente que le pase esto o lo otro, como a los demás animales, sino que al hombre le pasa, a veces, nada menos que no ser hombre. Y esto es verdad no solo en abstracto y en género, sino que vale referido a nuestra individualidad».*

Pues bien, cuando estos riesgos amenazan con echar raíces en una persona, también la familia es el cauce idóneo para reconducir las cosas, para curar las heridas, para enmendar errores y caídas.

Imagino, lector, que más de una vez habrás oído o leído una frase de Dostoiewski cuya cita se hace inevitable cuando se habla de estos temas. Me refiero a esta: «La belleza salvará al mundo». Doy por hecho que está llena de verdad, pero dicha así, en abstracto, puede quedarse como flotando en el pensamiento, como si solo sirviera para embellecer el aire sin posarse en ningún sitio. Por eso creo que hay que hacerla descender a lo concreto y darle asiento en nuestra vida concreta, aplicándola en este caso a la familia. Si la belleza tiene la capacidad de salvar al mundo, será la belleza, sí, pero no cualquier atisbo suelto de belleza, no cualquier esquirla o brochazo desconectado de la vida real, sino la belleza de la familia, la de cada una de nuestras familias concretas, vivida en el día a día sin renunciar a ella.

3

Ser hombre: varón y padre

1. El varón, figura cuestionada

Artículo escrito a propósito del Día del Padre

En este mes de marzo, en el cual se celebra el Día del Padre, me ha parecido que puede ser oportuno poner el foco de estas reflexiones en la figura del padre. La celebración del Día del Padre, coincidiendo con la gran solemnidad religiosa de san José, es una más de las muestras vivas de una sociedad antaño fuertemente cristianizada en sus costumbres y en su calendario. La actividad comercial generada por el movimiento de regalos, por una parte, y el peso de la tradición por otra, han venido a conseguir que esta fecha tan señalada no caiga en el olvido. En todo caso, creo que no está de más recordar el origen religioso de este día y qué es lo que se celebra.

Celebrar el día del padre, seamos más o menos conscientes de ello, es un canto a la paternidad y un modo de reconocer su alto valor, y esto es muy saludable porque la paternidad no está atravesando sus mejores momentos, la paternidad lleva años cotizando a la baja y no se atisban signos de recuperación, al menos yo no los veo.

A un amplio sector de la mentalidad contemporánea le chirría mucho la figura del padre, pero no podemos prescindir de ella. A los que son afectos a la ideología de género les molesta particularmente y les molestan aún más estas dos hermosas palabras, *padre* y *madre*, papá y mamá, las primeras que solemos balbucear. Una aciaga reforma legal de hace ya años las hizo desaparecer y sustituyó las dos, *padre* y *madre*, tan llenas de contenido, por una sola, fría y muda: la palabra «progenitor»; fría porque carece de resonancias afectivas y muda porque no dice nada. Progenitor es un término biológico y nada impide usarlo en referencia a los hombres, pero puesto al lado de *padre* y *madre* se queda muy pobre porque el hombre es mucho más que biología. *Padre* y *madre* tienen un significado muchísimo más profundo y de mayor alcance que progenitor. Primero porque progenitor no es solo el padre o la madre, progenitor es también cualquier pariente en línea ascendente, cualquier antepasado (un tatarabuelo, por ejemplo) y en segundo lugar porque progenitores son también los animales, también ellos engendran nuevos seres a los que llamamos crías. Tal vez haya quienes tengan dificultades para aceptar que las cosas sean así, pero si alguien, querido lector, te planteara esa dificultad lingüística, pregúntale, si tiene hijos, cómo quiere ser llamado por ellos, si progenitor o papá, progenitora o mamá.

Volvamos a la figura del padre, malherida y denostada. Hay que recuperarla, hay que colocar al padre en el lugar que le corresponde y hay que hacerlo con carácter de urgencia si es que queremos paliar los desgarros de nuestro tejido social y contribuir a su sanación. Por doquier leemos y oímos hablar de «esta sociedad enferma»; pues bien, buena parte de su sanación está en la recuperación de la figura del padre, que ha sufrido y sigue sufriendo, campaña tras campaña, una auténtica oleada de ataques en varios frentes.

Uno de estos frentes es el feminismo de género. No quiero generalizar sobre el feminismo porque dentro del movimiento feminista hay de todo, pero sí denunciar el enorme daño que a nuestra sociedad le viene produciendo desde hace décadas el feminismo de género, ideologizado hasta los tuétanos, antimasculino y antipatriarcal, además de violento. Los promotores de este feminismo, quienes quiera que sean, han diseñado y planteado, en términos de lucha, una campaña de acoso y derribo, de arrinconamiento y desprestigio de la figura paterna; han elegido para ello los campos que más rédito podían darle: lenguaje, publicidad, moda, medios de comunicación, cine, literatura, etc., y han conseguido lo que pretendían, crear una mentalidad antipatriarcal, estigmatizar socialmente la virilidad y la autoridad paterna, dañando con ello no solo a los varones, sino a todos, hombres, mujeres e hijos.

La victoria de este feminismo avieso ha estado en el logro de las legítimas conquistas sociales que la mujer ha reclamado con todo derecho, que esas merecen ser alabadas, sino la desaparición de la figura del varón como baluarte, como referencia social necesaria para todos, especialmente para los más jóvenes. Lo que hemos perdido no son tanto unos usos o unas conductas concretas, que esas a fin de cuentas están sometidas, como todo lo demás, al devenir del tiempo, que siempre es nuevo. La gran pérdida es la falta de un modelo de varón, el saber en qué consiste ser varón y cómo se es varón. Esta pérdida se ha traducido en la existencia de un sector inmenso de nuestros hombres que no acaban de tener claro ni el alcance ni el modo de vivir lo que son, hombres. Cualquier hombre que quiera manifestarse como tal, sabe, sin que le quede margen de duda, que está sometido a tres focos de presión que actúan en contra suya: Una historia de errores y abusos por parte del sexo masculino hacia la mujer, el feminismo de género y el homosexualismo totalitario. Ante tales adversarios, crecidos con la enorme fuerza de los vientos del momento y con las bendiciones de la progresía de todos los colores, a ver quién es el valiente que hace valer su condición masculina; más bien se verá empujado a esforzarse por demostrar una virilidad light, acomplejada, subordinada y lacaya del feminismo, una virilidad que asume resignada papeles de segundón en multitud de ámbitos de la vida social. ¿Te has dado cuenta, lector, de que es mucha la publicidad en la que el varón es el torpe, el inútil, el irresponsable, el inseguro, frente a la mujer; mientras que ella, en cambio, aprece resuelta, capaz e inteligente, que todo lo hace bien?

Curiosamente este feminismo que ha arrinconado al hombre no ha arrinconado al prototipo masculino que sí hace daño y sí debería condenar: el macho. El macho, el hombre-cosa, ese prototipo sí está potenciado, ese sí cotiza al alza, el hombre cuya imagen visible viene dada por un tipo diseñado por la publicidad cuyo reclamo principal es un cuerpo de gimnasio. La imagen que ofrece un hombre así, al menos es la que me ofrece a mí, no suscita altura de miras porque no es portadora de valores nobles, intelectuales ni morales, sino de pulsiones instintivas indisimuladas cuyos destinatarios son tanto hombres como mujeres.

Frente a estos modelos, los hombres tenemos que reaccionar mostrando lo mejor de nuestra virilidad porque ni el desmasculinizado, ni el bobo, ni el hombre-objeto pueden ser modelos ni de varón ni de padre. Hombres así no pueden contribuir a la paternidad ni pueden construir la sociedad que necesitamos, ni pueden construir nada porque ellos mismos están sin hacer. Hay que reivindicar la figura del padre y necesitamos modelos, lo necesita la mujer y lo necesitan especialmente los niños y los jóvenes. El hombre que a nuestra sociedad le hace falta no es el macho, ni el indolente, ni el eterno adolescente, sino el que lleva a término lo mejor de las aspiraciones masculinas, el que actúa como lo que es, hombre, hombre hecho en todos los campos, de virilidad no edulcorada, esposo y padre, codirector de la familia junto a la mujer y corresponsable con ella, pero sin abdicar de su función de cabeza de familia que le convierte en el primer garante de la estabilidad y del recto hacer en la casa. Cuento con que esto que escribo pueda caer mal en determinados casos, pero la cosa no está en cómo caiga sino en ver si hay verdad en lo que se dice. Y si hay verdad —y la hay— hay que decirla, airearla, proclamarla, defenderla, porque la verdad hace bien, sobre todo cuando no se usa como arma contra nadie.

Porque no se trata de ir contra nadie, la masculinidad que aquí se reivindica no está planteada contra la mujer sino a favor suyo. Los hombres y la sociedad entera deberíamos tener hacia la mujer la consideración más alta, su figura nos debía merecer el mayor de los respetos y todo elogio hacia ella debería quedarse corto, pero las cosas en su verdad. Aquí no se defiende la masculinidad misógina y menos aún el machismo irracional ni la barbarie. Por lo que aquí se aboga y lo que se reclama es la figura varonil y paterna depositaria de una autoridad recibida, la cual, como toda autoridad, ha sido dada desde lo alto para servir a los demás —esposa, hijos y sociedad—, portadora de unos valores que en buena parte hemos perdido y cuya pérdida nos está pasando una factura increíblemente dolorosa.

No es verdad que una mujer se baste a sí misma para tener hijos y sacarlos adelante como si el varón no hiciera falta. El papel de padre no lo sustituye la madre, y cuando no existe, su carencia se hace notar. Hablo de lo que es natural, de lo ecológico y hablo además de lo que conozco en directo, día tras día después de muchos años dedicándome al estudio de estos temas, tratando con padres, madres e hijos, dentro de mi trabajo y fuera de él. Hablo de algo que no hay que demostrar porque solo se demuestra lo que no es evidente. Y es evidente que para el buen funcionamiento de la vida doméstica y para la correcta formación de los hijos hacen falta los dos, *padre* y *madre*, cada uno desde su papel, actuando al unísono, de manera conjunta y coordinada, pero sin igualitarismo que desnaturalice las funciones de padre y de madre, por muy de moda que esté el igualitarismo, pues, por disposición divina, el papel de cabeza de familia le corresponde al padre y no a la madre.

Si ahora, querido lector, me preguntaras a qué me agarro para poder decir esto con tanta resolución, no me costaría trabajo responderte con argumentos de experiencia y de razón, pero me acogeré solo a uno. El padre es el cabeza de familia por voluntad divina, porque así lo ha dispuesto el Creador. Dios, por ser el creador del hombre y de la mujer es su autor y por eso nos conoce mejor que nadie. Por ser nuestro autor nos conoce como conoce el autor a su obra, no desde fuera sino desde dentro de la obra misma. Y conociéndonos mejor que nadie, sabe mejor que nadie lo que nos hace falta para vivir de acuerdo con nuestra naturaleza y llegar a plenitud. Pues bien, su palabra es esta: «El marido es cabeza de la mujer como también Cristo es cabeza de la Iglesia» (Efesios 5, 23).

2. El varón, cabeza de familia

Continuando con el artículo anterior, me ha parecido conveniente ahondar algo en la expresión *cabeza de familia*. Si hemos dicho que el padre y la madre son codirectores y corresponsables de la familia, ¿cómo se compagina esa igualdad con el hecho de que solo uno, el varón, sea el cabeza de familia?, ¿no hay de fondo una situación de inferioridad para la mujer?

La respuesta es no, pero vamos por partes.

En primer lugar, hay que señalar que el varón es cabeza de familia porque es cabeza de la mujer, lo cual puede parecer que atenta contra la idea de igualdad entre hombre y mujer, pero esa apreciación sería una apariencia y además incorrecta. Hombre y mujer, en tanto que personas, son iguales en dignidad y en derechos. En la actualidad esta segunda afirmación goza de crédito y reconocimiento generalizados, en cambio, ocurre lo contrario con la referida al varón como cabeza de familia. Pero no hay razón para que una parte de la verdad sea dicha y elogiada y la otra silenciada y denostada.

Hablo del varón como cabeza no desde una toma de postura personal, una ideología concreta o una opinión, sino desde la Sagrada Escritura. Nos movemos, pues, dentro de la sabiduría bíblica y de su doctrina, que entiende al varón y a la mujer con vistas al matrimonio y desde el matrimonio (el celibato era extraño al mundo judío y la fornicación y el adulterio pecados socialmente muy graves). Jesucristo, recogiendo toda esta doctrina, da un paso más y del matrimonio ya existente desde la creación del hombre y de la mujer, hace algo que hasta entonces no era: un sacramento. Con Cristo el matrimonio es elevado a una categoría que no tenía antes de él, y es la de ser sacramento, signo que significa y realiza algo sagrado. Con Cristo el matrimonio natural, es decir el matrimonio con minúscula, pasa a ser el santo matrimonio.

El matrimonio, por ser un sacramento, es un signo, es decir, remite a otra realidad distinta del propio signo. El signo y la realidad significada se explican mutuamente; el signo nos hace entender la realidad y la realidad nos hace entender el signo, hasta donde ello es posible. Esto puede parecer un juego de palabras, pero es literalmente así. La pregunta brota sola: ¿de qué es signo la unión en matrimonio entre un hombre y una mujer? Para personas de fe o con alguna cultura religiosa, la respuesta es bien conocida: la unión sacramental del matrimonio es signo de otra unión más excelsa y más íntima, la de Cristo con su Iglesia, Cristo Esposo desposado con su Iglesia. A causa de la relación entre signo y realidad significada (a la que acabamos de aludir), para entender cuál es el origen y el alcance de la unión en matrimonio entre un hombre y una mujer, hay que entender el origen y el alcance de la unión entre Cristo y su Iglesia.

Es doctrina católica que el origen de la unión esponsal entre Cristo y la Iglesia está en la cruz. La Iglesia nació del costado abierto de Cristo. A quienes no tengan fe esto les podrá parecer una explicación carente de sentido o un discurso errático. Que se lo parezca así a los no creyentes, es algo que cualquiera puede entender, lo que ya resulta más chocante es que andemos perdidos en la niebla de la ignorancia quienes decimos creer y sobre todo quienes hemos contraído nupcias sagradas dentro de la Iglesia. En todo caso, se entienda mejor o peor, o no se entienda, hay que decir que la cruz es la fuente del matrimonio cristiano, ese es su origen y no hay otro. El matrimonio sacramental cristiano no surge de la libre iniciativa de un hombre y una mujer bautizados que un buen día se acercan a la Iglesia a pedir la celebración de su boda por el rito sacramental, aunque esa toma de decisión de ambos sea imprescindible. Pero en la vida cristiana, toda iniciativa que proceda de la fe en realidad es respuesta a una llamada que Dios hace en el corazón del creyente.

Dos novios que le solicitan a la Iglesia casarse en su seno, están pidiendo un don. Si solo fuera iniciativa suya no habría don por ningún sitio. Sin la perspectiva del don no se puede entender ni este sacramento ni ningún otro, ni se puede entender cosa alguna en la vida cristiana. La celebración del matrimonio católico es un don que se lleva a cabo en un doble frente, por una parte, entre los esposos, y por otra, entre estos y la Iglesia. Mutua y recíprocamente entre ellos porque eso son uno para el otro, un regalo de Dios; y entre ellos y la Iglesia porque gracias a la Iglesia hay sacramento válido. Dicho con otras palabras, de la Iglesia reciben los esposos la posibilidad y la gracia de ser constituidos en signo sacramental.

Al hilo de esta reflexión, no está de más recordar que todo sacramento siendo signo, no se agota en significar, sino que además es signo eficaz de lo que significa, es decir, produce eficazmente aquello que está significando. Gracias a la acción de la Iglesia ejercida por medio del rito litúrgico, el matrimonio puede ser signo ante el mundo de la unión esponsal de Cristo con la Iglesia. Ahora conviene hacer un alto y caer bien en la cuenta de lo que venimos diciendo. Porque lo que se acaba de decir es que una esposa viva (la Iglesia) nace del costado de un esposo (Cristo) muerto y resucitado. «Gran misterio es este» dirá san Pablo a propósito del matrimonio, y añade «y yo lo refiero a Cristo y a la Iglesia». No le falta razón, pero en cualquier caso esta es nuestra fe.

A la luz de este nacimiento de la Iglesia, se comprende con relativa facilidad la creación de la mujer relatada en el libro del Génesis. Es bien sabido que el texto sagrado dice que la mujer, Eva, fue creada de una costilla de Adán. ¿Será difícil de captar que estamos ante un paralelismo elocuente? La mujer esposa (Eva), nacida del costado del varón dormido (Adán) no es sino la imagen real de otra esposa, la Iglesia, nacida del varón dormido (Cristo muerto) en la cruz, de cuyo costado manó sangre y agua, es decir, eucaristía y bautismo, es decir, la propia Iglesia.

En segundo lugar, tampoco será difícil de entender que solo puede salir afuera lo que previamente está dentro. Si la Iglesia nació del interior de Cristo es porque Cristo la llevaba dentro, la había concebido dentro de sí antes de que el tiempo existiese, desde la eternidad. Pues exactamente esta es la situación que corresponde al varón y a la mujer. La mujer (esposa) tiene su origen en el interior del varón y puede salir desde su interior si el varón la lleva dentro. Adán no había visto nunca a Eva, pero cuando se encuentra por vez primera con ella, sabe que no está ante un ser extraño, sino ante alguien a quien reconoce como formando parte de sí mismo y por ese motivo puede entender a Eva como salida desde dentro de él, y por eso exclama que es «carne de mi carne y hueso de mis huesos».

Esta, esta es la clave. Aquí está el fundamento de la relación esponsal, en que los esposos —sin perder la condición personal de cada uno y su igual dignidad— no somos dos extraños, ni siquiera dos afines, ni dos amigos, ni puede el matrimonio entenderse como un contrato entre partes, ni como el pegadizo de dos elementos que se yuxtaponen, sino la unión que tiene lugar entre dos después de que una de las partes (la esposa) ha sido concebida en el interior del esposo, una «ayuda semejante» que le ha sido dada al esposo pero no desde fuera sino desde dentro de él. Hablamos de un estar dentro que no es físico, como el que se da entre madre e hijo, sino psicológico y afectivo. El hecho de que ese llevar dentro el varón a la mujer sea de tipo psicológico, no le hace menos real que si fuera físico, sino al revés, le da una intensidad mayor. Por este motivo no existe, no puede existir, entre personas humanas otra unión comparable a esta del matrimonio (ni siquiera la que se da entre madre e hijo), una unión que nos constituye en unidad, en «una sola carne» y que solo la muerte puede romper. San Pablo rematará la idea al exhortar a los maridos a amar a sus mujeres como parte de sí mismos, «como a su propio cuerpo», y así «el que ama a su mujer, a sí mismo se ama; pues nadie jamás odió a su propia carne» (Efesios 5, 29).

Ahora, querido lector, además de estas reflexiones, me gustaría ofrecerte un dato de experiencia que viene a confirmar lo que acabo de escribir. Me refiero al sentimiento común de tantas mujeres enamoradas que sin haber oído jamás explicaciones como estas, saben por sus propias vivencias que el amor al esposo les empuja a sentir el deseo de algo que por otra parte es irrealizable: entrar en el interior del varón, encerrarse en su pecho, volver a su lugar de origen. La poesía lírica, en general, viene a certificar esta tendencia imposible, que precisamente por ser imposible, no puede pasar de ser tendencia, aunque eso sí, tendencia permanente.

No será preciso decir que entender el ser varón y mujer, esposo y esposa, padre y madre desde la fe cristiana admite escasos puntos de encuentro, si es que admite alguno, con los modos sociales al uso y cualquier otra unión no sacramental. El hecho de que sean muchos los matrimonios cristianos que viven al margen de lo que son es muy lamentable, pero no anula el santo matrimonio instituido como sacramento por el mismo Jesucristo, ni tampoco lo devalúa, por más devaluada que esté la consideración social del mismo.

3. Las funciones del padre (I). Dar identidad al hijo

Después de haber presentado el fundamento de la masculinidad y la feminidad y sus diferencias de origen, procede ahora ver en qué se traduce en la práctica esta diferencia antropológica entre hombre y mujer: los dos constituidos en una sola carne de la cual él es la cabeza.

Durante mucho tiempo se han asociado las figuras del varón y de la mujer (padre y madre) con el desarrollo de unas tareas, con un reparto de papeles. Independientemente de los usos sociales del momento, hay que decir que la diferencia basada en las tareas no está bien establecida por falta de fundamento. La cuestión no está en que en otras épocas tuviéramos las tareas marcadamente separadas por sexos y ahora nos parezca mejor lo contrario. La cuestión no es esa porque ese criterio no brota del ser sino del hacer. Uno no es varón o mujer porque se realicen unos quehaceres u otros.

Uno es varón porque es varón, o es mujer porque es mujer, porque sí, porque tiene cuerpo y alma de varón o cuerpo y alma de mujer; los cuerpos no son neutros respecto del sexo por la propia configuración del cuerpo y tampoco lo son las almas, no por las diferencias físicas entre hombre y mujer, sino por las diferencias psicológicas. Los que sí son neutros son los quehaceres, esos no tienen sexo, no hay unos quehaceres masculinos y unos quehaceres femeninos. La fuerza de los hechos es contundente y la indiferenciación sexual de las tareas se ha impuesto por la vía de los hechos, dejando escaso margen para la réplica. *Contra facta non valent argumenta* —reza un dicho latino—: contra los hechos no valen argumentos. Señalemos al tiempo que lo que sí hay es una manera masculina y una manera femenina de hacer las mismas tareas, y hay también tareas que, dicho en términos de prevalencia, realizan en general con más espontaneidad y desenvoltura los varones o las mujeres. Pero insisto en que esta no es la cuestión porque de lo que se trata no es de ver si al padre, por «ser padre», le corresponden o no unas tareas sino unas funciones que sean propiamente suyas (los conceptos de función y tarea no son sinónimos). ¿Hay funciones específicas del padre?

La respuesta es sí y a la primera de esas funciones pretendo dedicar el resto del artículo. Para acercarnos a la figura del padre lo vamos a hacer teniendo en cuenta ambas figuras, la de la madre y la del hijo. Nos lo exige el hecho de que la paternidad y maternidad no se pueden entender por separado sino cada una respecto de la otra y también cada una en referencia al hijo. Partiendo de aquí anotaremos como primera función del padre la de dar identidad al hijo.

La profesora Blanca Castilla, que en su momento estudió con profundidad y rigor acerca de los sexos, señaló con mucho acierto que la diferencia entre el padre y la madre vine dada por la diferencia que existe entre las preposiciones EN y DESDE. La madre es madre «en», el padre es padre «desde».

Físicamente la madre vive «en» su cuerpo (es decir, en sí misma) la concepción, la gestación y el alumbramiento del hijo. Y tras el alumbramiento vivirá psicológicamente toda su maternidad de igual manera, «en» sí misma. Porque la maternidad se da EN la mujer desde su interioridad y también en su interior anida el hijo, se puede decir que la maternidad no ayuda a ver claras las distancias entre ambos, madre e hijo. Son dos personas distintas, obviamente; esto la madre lo sabe, pero no acaba de saber vivirlo. El binomio madre-hijo es vivido por la madre como un continuo psicofísico en el cual la madre tiene grandes dificultades para delimitar dónde acaba ella y dónde empieza el hijo, hasta el punto de que vivirá todo lo que le acontezca al hijo en primera persona, como si le estuviera ocurriendo a ella misma. Desde aquí se explica que el amor de la madre sea un amor de la mejor calidad, con una entrega total y permanente, previsora, tenaz, sacrificada, cálida, protectora, etc., un amor que asume y hace propio todo lo del hijo y que procura para él todo aquello que entiende como bueno, al tiempo que tratará de evitarle todo dolor y todo sufrimiento.

El padre, por el contrario, por más cercano que quiera ser con el hijo (y es conveniente que lo sea tanto como pueda) siempre será padre «desde» cierta distancia. No se entiendan este continuo psicofísico materno y esta distancia paterna en términos de ganancia o pérdida para el hijo, como si para el niño fuera bueno o menos bueno lo uno o lo otro. Padre y madre son complementarios y el hijo necesita de ambos por igual, si bien de manera diferenciada, ya que cada uno tiene sus momentos de preponderancia según la edad del hijo.

¿Qué puede aportar como ventaja para el hijo esta distancia paterna? Lo siguiente: gracias a esta distancia, el padre le puede hacer ver al hijo y a la madre, a ambos, que uno no son el otro. En este binomio madre-hijo, el padre tiene el papel de entrar «desde» fuera y aclararlo, no romperlo, pero sí desenmarañarlo ya que al actuar «desde» la distancia pone de manifiesto, por medio de la relación, que no es ni uno ni el otro. Al padre le corresponde establecer esa diferenciación entre madre e hijo que ella, la madre, no puede hacer por sí sola. Dicho de manera nada académica, «poner las cosas en su sitio» entre madre e hijo. Gracias al padre se establecen dos ámbitos de relación perfectamente diferenciados que el hijo experimenta de manera cotidiana: papá-mamá y papá-niño. Así, por propia experiencia, el hijo irá entendiendo que papá, mamá y niño son tres personas perfectamente diferenciables y diferenciados; es decir, irá adquiriendo experiencia de su propia identidad.

Por otra parte, es del mayor interés observar que la identidad no consiste solo en saber quién es cada cual sino también qué es. La adquisición de identidad es un proceso largo y complejo porque la identidad no es la respuesta a una pregunta simple. La identidad no es solo la respuesta a la pregunta ¿quién? Eso lo podría hacer la madre sola porque para responder a la pregunta quién bastaría con que el preguntado sepa su nombre. ¿Quién eres tú? Pedro, Luis, María, etc. Pero la identidad no se acaba con esa respuesta, la identidad incluye, además, la respuesta a otra pregunta, la pregunta ¿qué?

La respuesta a la pregunta ¿qué? es múltiple porque en ella entran varias dimensiones de la persona. En efecto, una persona además de ser, por ejemplo, Luis, lleva en su identidad su sexo, ser varón; su nacionalidad, ser español; su profesión, ser informático, etc. Varón, español, informático, etc., que son datos de identidad, (y no digo importantes, sino decisivos) que no responden a la pregunta *quién* sino a la pregunta *qué*. De todos estos datos, el del sexo tiene especial relevancia porque el sexo determina a la persona con mucha mayor intensidad que cualquiera de las demás dimensiones que responden a la pregunta qué. Pues bien, conviene saber que la identidad sexual la pueden afirmar los dos, padre y madre, pero la confirma el padre, no la madre. No es lo mismo afirmar que confirmar, y quizá el mejor ejemplo donde se ve la diferencia es dentro de la Iglesia, en los sacramentos del bautismo y de la confirmación; el bautismo afirma, la confirmación confirma, como dice su nombre. La figura del padre confirma a los hijos en su sexo, y esto supone que en una relación paternofilial normal los chicos se sientan a gusto en su papel de chicos y a las chicas en su papel de chicas; a ellos los confirma en su papel de varones por modelado y por imitación, y a las chicas las confirma en su papel de chicas por contraste. En la infancia el mensaje es bien simple: «tú eres un hombre como papá», «tú eres una mujer como mamá».

A los pocos años, llegará la adolescencia con toda su carga de dificultad y de atractivo. La adolescencia es una etapa en la cual el ejercicio de la paternidad es absolutamente imprescindible porque la inestabilidad emocional del hijo precisará con mayor necesidad del apoyo, el consejo, la autoridad y la cercanía de la figura del padre. Para entonces ese mensaje de la infancia habrá de transformarse en un diálogo «de hombre a hombre» con los chicos y de padre a hija con las chicas.

«Hablar de hombre a hombre». ¡Qué maravilla para el padre y qué maravilla para el hijo! Nótese qué lejos queda este planteamiento de ese otro que propone y se felicita en que el padre sea un colega para el hijo. Aún se oye decir a algunos padres eso de que «para mi hijo yo soy un amigo más», aunque afortunadamente el tópico ha ido pasando de moda y ya pertenece a tiempos pasados.

Cuando falta el padre (porque no existe o porque no ejerce) esta función de dar identidad sexual queda en precario, como metida en una nebulosa y tiene como una de sus consecuencias el desajuste entre lo que uno naturalmente es, varón o mujer, y las ofertas de cambio de apariencia sexual. Cambio de apariencia, y en muchos casos de sensaciones porque es todo lo que uno puede cambiar en orden a su sexualidad: la imagen externa y la vivencia subjetiva de su vida sexual, pero no la realidad de su sexo. En todos los estudios serios llevados a cabo con personas de tendencias o vida homosexual se señalan como una de las causas de esta, la ausencia o las graves carencias de la figura paterna. No extrañará ni será difícil de entender que el aumento de los índices de la homosexualidad venga a coincidir con un eclipse del varón cabeza de familia y de las funciones propias de la figura paterna.

4. Las funciones del padre (II). Introducir al hijo en la realidad

En el artículo anterior se ha visto cómo la madre tiende a cuidar y proteger al hijo con una solicitud y un trato únicos, que solo ella puede dar. Dentro de esa solicitud le brota instintivamente el prevenir, evitar y aliviar todo sufrimiento que pueda afectar al hijo. Todo un universo de atenciones y cuidados que se encierran en eso que llamamos «amor de madre» y que representan el más eficiente y exquisito seguro de vida con el que puede contar una persona durante toda su vida, especialmente durante la infancia. Es un amor singularísimo y sublime, centrado especialmente en el ser del hijo, pero a la vez incompleto, ya que en su propia sublimidad lleva incorporado un riesgo del cual es muy difícil escapar: la subjetividad. Decíamos también en el artículo anterior que la maternidad se ejerce desde dentro porque la madre es madre EN sí misma. Esto hace que la madre, por más neutra y realista que quiera ser, ve al hijo desde dentro de sí misma, como prolongación de su mismo ser; dicho de otra manera, la madre tiende a ver al hijo siempre subjetivamente. Por este motivo no hay una valoración global ni opinión menos objetiva sobre cualquier persona que la opinión o el retrato particular que proceda de su madre.

Conviene advertir que los conceptos «objetivo» y «subjetivo» son dos ámbitos de lo real igualmente necesarios e igualmente valiosos. No se entiendan en contradicción, como favorable o desfavorable, conveniente o inconveniente, bueno o malo, sino como los dos espacios psicológicos en los que nos desenvolvemos los seres humanos. Subjetivo viene de sujeto y objetivo de objeto. Subjetivo —expresado en primera persona— quiere decir lo que es interno a mí, mi mundo interior tal como yo lo registro y lo vivo, mientras que objetivo significa lo exterior a mí, el ámbito de lo real que no soy yo. Cada uno de nosotros desarrolla su vida al mismo tiempo en estos dos ámbitos, el que llamamos vida interior y el que se establece mediante la relación con la realidad externa. Quien acierta a llevar una vida en la que lo subjetivo y lo objetivo están bien ajustados, decimos que es una persona equilibrada, madura, probablemente tendente a la coherencia entre lo que piensa (por dentro) y lo que hace (por fuera), etc.

Dentro de este esquema objetividad-subjetividad hay que considerar la figura del padre. Del mismo modo que la madre atiende preferentemente al ámbito de lo subjetivo, el padre lo hace al ámbito de lo objetivo. Del mismo modo a como a una madre le sale instintivamente la preocupación por cómo se encuentra el hijo por dentro, al padre le sale la preocupación por cómo se desenvuelve en medio de la realidad externa. Entiéndase el interés de la madre por lo subjetivo y del padre por lo objetivo en términos de preponderancia, no de exclusividad; no es que la madre se desentienda de lo objetivo o que el padre se desinterese por cómo vive su hijo las cosas por dentro, cómo se siente, como se encuentra. Torpes serían, tanto el padre como la madre, si cada uno fuera ciego para el ámbito del otro; en tal caso poca capacidad de apoyo y de ayuda podrían darse mutuamente. Ahora bien, la preponderancia significa que la madre tiende en primer lugar a situarse de modo instintivo en el mundo interior del hijo mientras que el padre lo hace, también instintivamente, en el objetivo.

Este situarse de modo instintivo en lo subjetivo por parte de la madre y en lo objetivo por parte del padre viene focalizado en los verbos ser y obrar. La madre se ocupa preferentemente del ser del hijo, mientras que el padre tiende a fijarse en lo que el hijo hace. Pongamos un ejemplo. Imaginemos un acontecimiento cualquiera en la vida de un hijo, por ejemplo, la alegría de encontrar su primer trabajo en una empresa, supongamos que en una ciudad distinta a la de residencia. Todo lo relacionado con este acontecimiento será vivido como una gran noticia por los padres, pero padre y madre lo registrarán con sesgos diferenciados. La madre experimentará la nueva situación del hijo y la vivirá como si la contratada fuera ella misma, se interesará por lo mismo que el padre, pero visto desde su interior, que viene a ser como una prolongación del interior del hijo. Pondrá el acento en si el trabajo le resultará más o menos costoso, cómo reaccionará ante su nueva responsabilidad, si la tomará con mayor o menor serenidad, si lo pasará mejor o peor, etc. El padre, por su parte, se preguntará y preguntará por las condiciones objetivas del trabajo, por las tareas que se le encomiendan, por las responsabilidades que tenga que afrontar, preguntará qué empresa es, dónde está, cuál es su lugar en el tejido empresarial, etc. Si los padres disponen de tiempo y se plantean hacerle una visita —cosa probable— el padre se ocupará de estudiar el itinerario, el medio de transporte, horarios, distancias, etc., mientras que la madre hará lo propio respecto de las provisiones para el hijo: comida, ropa, útiles, caprichos, etc.

Volvemos al análisis del binomio padre-madre. Uno de los errores más funestos arraigados en la mentalidad colectiva actual consiste en dar por bueno que la madre es autosuficiente para sacar al hijo adelante. Muchas mujeres se lo creen y muchos hombres también. Por varias razones de las que ahora no debemos ocuparnos para no desviar el curso de la reflexión (entre otras la presión del feminismo), muchos hombres y mujeres actuales han aceptado que para una buena crianza y educación del hijo basta con que la madre haga bien su papel de madre. Y por este motivo no nos parece que sea tan grave la ruptura voluntaria de la unión y la convivencia de sus padres, cuando realmente sí lo es, fuera de casos patológicos, la ruptura de unos padres resulta nefasta para los hijos y tarde o temprano, les pasará factura en términos afectivos. No diré que la ruptura de los padres o la ausencia de padre sea una tragedia porque las tragedias siempre acaban mal y el hombre no es un ser determinado ni siquiera por la carencia del padre, pero a las cosas hay que llamarlas por su nombre y su nombre es fracaso, drama, desdicha.

Dada la normalización y el alto índice de rupturas, comprendo que más de un lector pueda dudar de lo que acabo de decir, que pueda presentar diversas objeciones y también que pueda negarlo. Si esto fuera un diálogo, de más de uno me esperaría esta pregunta: ¿cómo se sabe que esto es así? Porque puede parecer lo contrario y no sería raro que se encontraran ejemplos que contradigan lo que yo he afirmado.

Si los hijos del matrimonio que rompe su unidad son pequeños, puede que la primer vivencia sea de alivio y las consecuencias negativas tarden en llegar, pero llegarán con la adolescencia. Durante los años de la infancia puede parecer que al niño le basta con su madre sola, pero metidos en la adolescencia (que ha adelantado su inicio respecto a décadas anteriores) la ausencia del padre se vivirá como un auténtico problema. Al adolescente ya no le vale todo el mundo sobreprotector de mamá que él entiende como «las cosas de mamá» porque el abandono de la infancia supone empezar a valerse por sí mismo, ensayar a vivir sin depender. Si el padre está y actúa como debe, su función será como la de un buen árbitro, que permite y facilita el juego, al tiempo que lo regula, lo detiene cuando hace falta y en caso de necesidad, sanciona. Si el padre no está, o está y no actúa, o actúa como no debe, cabe esperar dos salidas probables y ninguna de las dos correcta: en un extremo, el infantilismo, en el otro el salvajismo; o bien adolescencia enquistada y extendida en el tiempo de manera indefinida, con lo cual la madurez queda imposibilitada, o bien el camino de la violencia y el vandalismo.

Ahora se ve bien el papel fundamental e imprescindible del padre. Introducir a alguien en la realidad es introducirlo en el dinamismo de la vida, en la que hay cosas y personas con las cuales, necesariamente, tendrá que relacionarse e interactuar. Tendrá que competir y defenderse, hacer amigos, jugar y trabajar junto a los demás, divertirse y condolerse con ellos, etc., porque para vivir en el mundo no hay alternativas a la relación. Si el niño no saliera del mundo de la madre, no viviría otra experiencia sino la de recibir todo a cambio de nada, sin esfuerzo. Pero la vida no es un gratis total, hay una cuota de madurez y de experiencia que tiene que ser ganada y conquistada con esfuerzo y contradicción, no hay más remedio. Esto tiene un riesgo muy alto, y es que, si no hay alguien que nos ayuda a situarnos en la vida, podemos entender esta no más que como una carrera de obstáculos en medio de un mundo competitivo y hostil lleno de enemigos.

Pero esto tampoco es cierto; ni todo es facilón ni todo es hostilidad. Se hace necesaria, mejor aún, inexcusable, la actuación de alguien que, amándonos verdaderamente, al tiempo nos capacite para vivir en el mundo desde la objetividad y desde la verdad. Ese alguien no puede ser sino el padre, no hay otro. El padre es el que ajusta al hijo a la verdad, el que le señala cómo sí y cómo no tiene que actuar. El padre representa la ley, la bondad objetiva, el saber hacer, la madurez. Su palabra y su ejemplo son imprescindibles. En este sentido, la crisis de paternidad tiene su correlato en la desorientación de tantos jóvenes. Detrás de cada una de las gamberradas, despropósitos o tragedias juveniles, detrás de cada adolescente descaminado cabe pensar el síndrome del padre ausente, bien porque no está, bien porque no ejerce.

Con esto no se está diciendo que en todas las situaciones de ausencia del padre, los hijos hayan de andar por derroteros equivocados. Son bien conocidos los casos de madres que, tras haber sufrido una separación o una viudez, han sacado adelante a sus hijos de manera ejemplar y hasta heroica. Para ellas solo queda el reconocimiento y el elogio, pero esto no es la normalidad de la familia, estos casos son las excepciones a las cuales no nos estamos refiriendo.

5. Las funciones del padre (III). Dar sombra

«Dar sombra» es una función del padre que con esta denominación no aparece en la literatura especializada, ni tiene su origen en la reflexión de los pensadores ni en las aportaciones de la psicología. Entender que una de las tareas del padre es «dar sombra» a la familia, especialmente a los hijos, pertenece a ese acervo universal de sabiduría práctica que llamamos sentido común. Es una expresión que se puede rastrear en el teatro y en la literatura y aunque a mí me resulta conocida desde hace muchos años por su uso en el lenguaje popular, no caí en la cuenta del auténtico valor de esta función hasta que dicha de esa manera, «dar sombra», se la oí hace ya bastante tiempo a una esposa entrada en años, pero entonces todavía joven. Esta mujer se enfrentaba a la posibilidad de perder a su marido cuando este se vio obligado a someterse a una complicada intervención quirúrgica a vida o muerte. Convenientemente avisada del riesgo de la operación, lo que más temía no era tanto lo que significaría para ella su posible viudez, cuanto que sus hijos, aún jóvenes y aún en el hogar, pudieran verse privados, según sus propias palabras, de «la sombra de su padre».

La mujer tenía razón y a mí me sirvió para pensar. La razón que tenía procedía de ese centro personal e íntimo de donde brotan las razones del corazón que es la fuente de esas razones que, según Pascal, «la razón no entiende» y que constituyen las certezas profundas en las que se fundamenta la vida. La buena señora era iletrada pero su corazón de esposa y de madre no le engañaba y por él sabía que si el marido moría, sus hijos quedarían desprotegidos, expuestos a la quemazón de un sol que se podía tornar hiriente sin la sombra de su padre. Tengo que añadir —y lo hago con no poca incomodidad— que el padre cuya vida entraba en riesgo no era lo que se dice un modelo de padre, ni había sido nunca un ejemplo de responsabilidad, ni era precisamente un dechado de virtudes; al contrario, su conducta inestable era conocida públicamente y había acarreado a su familia un sinfín de sinsabores. Nadie mejor que la esposa para valorar la situación y, cabalmente, este cúmulo de circunstancias me hicieron pensar en el valor que ella concedía a la sombra del padre.

En artículos anteriores se han señalado algunas diferencias entre hombre y mujer, hoy cabe añadir esta otra: la madre da calor, el padre da sombra. Dicho con palabras de hijo: con mamá te sientes a gusto, con papá te sabes seguro. Mamá protege desde dentro, por contacto, papá desde fuera y a distancia. De la madre esperan los hijos atenciones y cuidados, del padre seguridad. En esto consiste dar sombra, en dar seguridad. Ambos protegen, pero cada uno a su modo, la madre acurrucando, el padre fortaleciendo, enseñando a salvar obstáculos, entrenando para moverse en medio del mundo. Me parece que es muy significativo fijarse en cómo conduce cada uno al hijo físicamente. La madre lo abraza, a veces el padre también, pero al padre es más frecuente verle con el niño encaramado sobre sus hombros. Es claro que esta diferencia viene dada por las diferencias de resistencia física entre padre y madre, pero junto a esa razón evidente, aparece otra no menos importante. Llevar al hijo sobre los hombros es ponerle frente al mundo, enseñarle a mirarlo de frente, con seguridad, sin miedo a las alturas. Esto es dar sombra al hijo. En brazos de la madre el niño duerme y descansa, en brazos del padre el niño mira el mundo despierto.

¿Hasta cuándo dura la sombra del padre? La respuesta es hasta siempre. Mientras el padre viva, el hijo, si quiere, puede acogerse a su sombra y beneficiarse de ella. Con el paso de los años el niño dejará de serlo y ya no podrá ir subido a los hombros del padre. Algo más adelante tendrá que habérselas con la vida y con el mundo por sí mismo, y deberá tomar sus propias decisiones. Podría parecer que con la emancipación del hijo, la sombra del padre deja de ser necesaria, pero no es cierto. El hijo necesita del padre mientras este vive porque el padre está dando sombra hasta que le llegue la muerte. Y cuando le llegue su muerte, con ella el padre dará al hijo su última lección. Toda muerte tiene un componente pedagógico aprovechable, pero la muerte del padre encierra una enseñanza única. La muerte del padre le enseña al hijo, como ningún otro podría hacerlo, que también él es mortal. Dicho con palabras del filósofo y político italiano Rocco Buttiglione: «es la muerte de la persona querida, y especialmente la muerte del padre, la que hace para nosotros concreta la idea de la muerte y, en cierto sentido, anticipa nuestra propia muerte».

Con esta idea volvemos a la primera función del padre, explicada en el artículo anterior. En él decíamos que la primera función del padre es introducir al hijo en la realidad. Ahora vemos aún más claro hasta dónde puede el padre introducir al hijo en la realidad, hasta dónde se alarga su sombra. Lo sepa el padre o no lo sepa, su función de padre alcanza su punto culminante poniendo al hijo frente a la realidad definitiva y última, la realidad de la propia muerte.

6. Las funciones del padre (IV). Educar moralmente (o sea educar)

La función de educar es de ambos, padre y madre, pero en la educación moral el padre adquiere un protagonismo tal que, si falta, difícilmente puede suplirse.

Vaya por delante una mínima reflexión sobre la idea expresada entre paréntesis en el título de este artículo. Sin educación moral no hay educación. Digamos, por si hiciera falta, que la educación moral no es la educación religiosa, aunque al tiempo hay que señalar que ambas comparten un extenso campo común. Conviene no confundirlas porque en esta confusión la educación religiosa (hablo de la católica) no tiene nada que ganar y sí mucho que perder. La moralidad es el campo de las acciones humanas en cuanto que son humanas y hacen referencia al bien y al mal, mientras que la religión tiene por objeto la relación entre el hombre y Dios. La religión abarca la vida entera, todo lo que el hombre es y hace, piensa y siente en una relación trascendente con Dios, consigo mismo y con los demás. Ya se ve que, sin desmerecer la importancia que la conducta tiene, la relación del hombre con Dios se extiende mucho más allá de su conducta.

Ahora, centrándonos ya en la cuestión que nos ocupa, veamos que la educación moral se justifica desde la propia antropología, es decir, desde la propia naturaleza humana. La educación se puede definir de varios modos, pero si hubiera que buscar una definición amplia, sin entrar en matices técnicos, podríamos encontrarla diciendo que educar es perfeccionar el ser, y si se prefiere, mejor aún, no tanto perfeccionar cuanto ayudar al educando en su propio perfeccionamiento. Entiéndase este perfeccionamiento en su sentido etimológico, es decir no tanto como refinamiento o brillantez (que también) sino más bien como terminación, como acabamiento, como construcción de algo que aún no está terminado.

Dicho esto, hay todo un racimo de preguntas que desprenden solas. Yo me voy a fijar en solo dos. La primera es esta: ¿cómo se perfecciona el ser?, ¿cómo se construye? La respuesta está tan abierta como la pregunta. Las vías de perfeccionamiento son múltiples, pero para no perdernos en esa multiplicidad, nos centraremos en una sola: el ser se perfecciona —o se degrada— con el hacer. Ser y hacer en el caso del hombre mantienen una relación de recíproca dependencia: el hacer depende del ser y el hacer modaliza al ser hasta el punto de cuasidefinirlo.

Por nada del mundo me gustaría, lector, que esto pudiera parecerte un revoltijo de palabras que más que aclarar, oscurecieran lo que quiero decirte, que por otra parte es bien simple. La idea es esta: la importancia de la educación moral está en que aporta criterios para conducirse en la vida, enseña qué hay que hacer (el bien) y qué hay que evitar (el mal). Cuando un hombre o una mujer saben lo que tienen que hacer para practicar lo primero y huir de lo segundo y lo hacen, entonces podemos decir que la educación ha conseguido uno de sus grandes objetivos. No es el único, pero sí es muy importante.

La segunda pregunta tiene que ver con la objetividad del bien (y su carencia, el mal). ¿El bien es objetivo o es subjetivo?, ¿existe un bien universal independiente de la persona, o bien y mal son conceptos relativos? La respuesta a esta pregunta no es difícil, pero el consenso se torna imposible porque la respuesta que demos depende de la idea de hombre que tengamos. (Según voy redactando, voy registrando la incómoda experiencia de estar abriendo varias puertas sin apenas cerrar ninguna. La amplitud de estos temas y las aportaciones del mundo del pensamiento desbordan por todas partes la pretensión de estas líneas. Por eso, permíteme lector que sea muy parco y que vaya al centro de la cuestión, aunque deje muchos flecos sueltos).

Por mi parte te diré que sí existe el bien objetivo —y su déficit, también objetivo, el mal—, es decir que bien y mal dependen del objeto, y que esto es compatible con su vivencia subjetiva. El bien y el mal son objetivos, aunque en cuanto afectan a nuestra vida, bien y mal los vivamos subjetivamente (porque las vivencias no pueden experimentarse de otra manera). Si el bien no existiera por sí mismo, no habría manera posible de entendernos, ni de vivir en comunidad, ni de legislar, ni de establecer patrones de comportamiento o educación. A quienes anden un tanto recelosos con esta idea de la objetividad del bien, tal vez les pueda servir como receta la de desempeñar, en la medida que se pueda, el doble papel de protagonista activo y protagonista pasivo de una misma situación. Pondré como ejemplo la cuestión de la mentira. Si tú dudas, lector, en alguna ocasión sobre la licitud moral de una mentira, deberás resolverlo a la doble luz de quien miente y de quien es mentido. Si eres sincero, me atrevo a sospechar que acabarás coincidiendo con san Agustín cuando decía que en su vida se había encontrado a muchos a quienes les gustaba mentir, pero no se había encontrado a nadie a quien le gustara ser mentido.

Trasladadas ahora estas pinceladas de reflexión a la función del padre, que es adonde queremos llegar, hay que decir que la educación moral corresponde especialmente al padre. La educación del hijo —toda la educación— corresponde a ambos, padre y madre, pero los acentos son distintos y mientras la madre, por ser mujer, se mueve mejor en el campo de la subjetividad, el padre, por ser varón, hace lo propio en el campo del orden objetivo. El padre representa la realidad, el modo de entender las cosas en su verdad, el orden objetivo, el saber hacer, la moralidad. El padre está situado a distancia, por eso conduce con la luz larga y ve las cosas en perspectiva. Esta es la razón por la cual percibe los detalles peor que la mujer, porque los detalles no se ven bien a distancia. Entre las posibilidades que la Pedagogía ofrece para la educación moral, después de haber estudiado estas cuestiones detenidamente, yo me inclino, con diferencia sobre las demás propuestas, por la educación en las virtudes humanas, también llamadas morales. No es verdad que la educación en las virtudes morales sea una cuestión del pasado. A quien use ese argumento hay que decirle que hay cuestiones que son atemporales, como por ejemplo, la necesidad de una buena alimentación o la bondad de la higiene; son cosas tan evidentes que no hacen falta muchas explicaciones.

Para terminar, insisto en la idea anterior: las virtudes no son masculinas ni femeninas, son humanas, pero sí hay un modo masculino y uno femenino de vivir las mismas virtudes. Pues bien, aunque haya quien pueda extrañarse, el varón, por el hecho de serlo, cuenta con mucho terreno ganado para practicar la virtud y para educar en ella. No por casualidad el término «virtud», tiene el mismo origen etimológico que viril, virilidad, etc., la palabra latina «vir»: hombre, varón, esposo.

7. Las funciones del padre (V). Dignificar a la mujer

No es difícil constatar que las medidas tomadas por nuestros gobernantes para luchar contra la violencia, dentro y fuera del hogar, dentro y fuera del colegio, no están sirviendo para acabar con ella (me resisto a hablar de «violencia de género» porque esta expresión, por más acuñada que esté, es confusa e inexacta). Esta toma de postura de la que parto no se debe a ningún posicionamiento personal político ni ideológico; la vengo manteniendo desde mucho antes que este asunto llegara a la arena política. Para decir lo que digo, basta y sobra con la estadística. Ahí están los datos de esa forma de violencia con su terca inmovilidad. Siempre habrá quien diga que si no se hiciera lo que se está haciendo los casos de violencia serían mayores. Bien, no lo negaré porque tal vez haya algo de cierto, pero es discutible y cabe una duda razonable porque no hay modo de saber qué habría ocurrido si en lugar de adoptar las medidas que conocemos se hubieran tomado otras. Lo que sí sabemos seguro es lo que está ocurriendo y lo que está ocurriendo es un mal que va en aumento continuo y acelerado.

Es claro que el problema está aquí y de algún modo habrá que actuar ante este tipo de violencia que, entre homicidios y suicidios, está costando muchas vidas que se pierden, y muchos desgarros en quienes sobreviven a ella. Si alguien me preguntara qué pienso yo que se debería hacer, honradamente le diría que en el contexto actual no lo sé; más aún, sin cambiar las condiciones sociales que nos hemos dado, creo que bien poco. Lo que sí veo claro es que las medidas que se toman no pasan de ser parches. Esto obedece a que estamos abordando el problema como la medicina aborda los síndromes, que es de manera sintomática, ya que en los síndromes se conocen los efectos, pero no las causas. Pues bien, lo que me parece a mí que no estamos haciendo en el tema de la violencia doméstica es ir a las causas, examinarlas con rigor y eliminarlas de modo que pudiéramos atajar el problema no en sus manifestaciones externas (cuando ya no hay remedio) sino en su misma raíz. Si elimináramos las causas, al menos en la medida en que esté en nuestras manos, no tendríamos que enfrentarnos luego a los cuadros habituales. Todo esto me recuerda a la enseñanza de Jesucristo sobre el remiendo nuevo en el manto viejo y creo que esta enseñanza cuadra a la perfección con la situación a la que me refiero. En mi opinión el manto (o sea el tejido social, la sociedad con los usos habituales tal como hoy se nos presenta) está tan deshilachado y tan débil que cuando se quiere remendar con una pieza de tela nueva (las medidas legales), el remiendo hace un roto mayor. Por eso, lector, si me preguntas cuál es la mejor tela con la que remendar te digo que no lo sé, ni veo que por aquí pueda venir solución alguna.

En cambio, sí me parece que podemos dar solución a este drama en la medida en que apliquemos el plan de Dios sobre el hombre y la mujer. En el horizonte social que se nos ofrece no cabe esperarlo de quienes nos vienen gobernando desde hace varias décadas, pero nada nos impide llevarlo a cabo en nuestros ambientes y en nuestra vida particular. Quienes creemos que el plan de Dios sobre el hombre y la mujer es el más idóneo (seamos más o menos religiosos) no tenemos prohibido vivirlo, aunque no siempre lo tengamos fácil. Nadie, que yo sepa, nos impide llevar a cabo un estilo de vida basado en los puntos que ahora propongo, aunque tengamos nuestras dosis de cansancio. Y nadie nos impide mostrárselo a otros y animarlos a hacer lo propio. Por otra parte, tampoco es tan complicado; si fuera muy complicado no podría ofrecerse abiertamente a todos, sino solo a unos cuantos elegidos y es claro que este es un plan para mayorías. Dicho de manera rápida y breve consiste en aceptar con decisión, y vivir con alegría, las consecuencias que se derivan de aplicar los criterios que se exponen en estos ocho puntos que se presentan a modo de axiomas, según los cuales afirmo...

1. Que la forma de convivencia óptima es el matrimonio entendido como un compromiso indisoluble de amor y fidelidad establecido por un solo hombre con una sola mujer para toda la vida. En el caso de los cristianos el matrimonio es el matrimonio sacramental.

2. Que tanto el matrimonio como la familia que de él surge tiene rango de institución y no es solo un acuerdo entre partes.

3. Que el varón es cabeza de la mujer y de la familia y como tal debe ser tenido y respetado por todos los miembros de la misma.

4. Que el varón debe amar a su mujer como Cristo amó a la Iglesia, cuidando de ella como primera tarea, hasta dar la vida si hiciera falta.

5. Que los padres son para sus hijos la primera y más valiosa autoridad con que van a encontrarse en este mundo. Esa autoridad tiene carácter sagrado puesto que viene conferida por el propio Dios.

6. Que los padres son los primeros y más importantes educadores de sus hijos y tienen para con ellos el gravísimo deber de educarlos.

7. Que toda familia es un santuario (el santuario de la vida), un lugar sagrado del cual los padres son los ministros.

8. Que toda familia realiza su cometido en dos ámbitos, uno de intimidad, hacia adentro de casa, en favor de todos y cada uno de sus miembros y otro de apertura, hacia afuera, en favor de la sociedad, y especialmente de los más pobres.

Esta institución llamada matrimonio (y la familia que de él surge) ha recibido desde hace décadas, quizá siglos, —y en ello estamos— un auténtico vapuleo en todos los órdenes; está teniendo que soportar descrédito y desamparo permanentes, ridiculizaciones y mofas, comparaciones indignas con otros modos de convivencia, injerencias inadmisibles... Toda una cadena de ataques contra los cuales no hay medios naturales con los que defenderse. Lo digo con toda intención, «medios naturales», porque sobrenaturales sí los tenemos, lo que pasa es que, vistos los resultados, cabe pensar que estos medios sobrenaturales, o no los utilizamos o los utilizamos mal.

También en la Iglesia deberíamos revisar nuestros modos de hacer las cosas en orden al matrimonio y a la familia. Porque tenemos una hermosísima doctrina (la mejor que hay), se nos llena la boca de bellas palabras en torno a la familia y al amor, pero somos demasiado descuidados con los novios en su preparación al matrimonio y con los matrimonios ya constituidos. Los resultados que se pueden constatar en el día a día no se corresponden con la doctrina, sino con un estilo de vida muy mundano, salpicado —en el mejor de los casos— de tradiciones cristianas ineficaces y paganizadas, que dan un barniz religioso pero que no hacen mella en la vida de las personas. Esos resultados en nosotros, los bautizados, no se diferencian mucho de los que ofrecen los que viven al margen de la fe: el mismo o parecido miedo a la vida, los mismos o parecidos niveles de natalidad —que son ridículos—, los mismos o parecidos niveles de consumismo —que son escandalosos—, la misma o parecida desatención a los ancianos, el mismo o parecido rechazo por los pobres, la misma o parecida falta de compromiso social en todos los órdenes, etc., etc., etc. Somos, a mi parecer, demasiado inconsecuentes con las exigencias de nuestra fe. ¿Cómo puede ser que en una nación como España en la cual una buena parte de la educación ha estado en manos de la Iglesia haya sectores mayoritarios de nuestra sociedad que viven en situación de apostasía práctica?

Siento de veras que algún lector pueda incomodarse por la dureza de estas palabras, pero es muy triste comprobar que teniendo en nuestras manos la solución a problemas de tanta envergadura, andemos perdidos no se sabe muy bien en qué, mimetizados en la masa y nadando a favor de una corriente que ha vuelto las espaldas a Dios y a los hombres. Es muy triste comprobar que estamos pagando una factura altísima y que este modo de vida tiene consecuencias nefastas que recaen sobre personas y colectivos concretos. ¿Sabes quienes están sufriendo las heridas de una sociedad tan errática? Todos, las sufrimos todos, y especialmente los más débiles, pero además de estos colectivos las están sufriendo con increíble intensidad las mujeres. Las mujeres están pagando con sus vidas —sea por muerte, sea por desgaste— los errores de unos usos antipersona.

Ahora vuelvo al principio. No tengo recetas contra los padecimientos de la mujer, pero sí sé que solo el varón-cabeza puede dignificarla. Esa labor de dignificación se realiza sobre todo en casa, la lleva a cabo el varón con su esposa en cuanto que es esposo, y con sus hijos en cuanto que es padre. El padre en virtud de su autoridad, y con los recursos de su palabra, su ejemplo y su sentido del humor (las tres cosas son necesarias, no valen ni una sola ni solo dos) es quien enseña a los hijos a valorar y a respetar a la madre en cuanto madre y a las hermanas en cuanto mujeres. Si no lo hace él, no lo hará nadie en su lugar. Hace falta, eso sí, que la mujer ayude aceptando por su parte, para ella, su papel de esposa y madre, y para él, el papel de cabeza.

Para terminar, una palabra de ánimo. Lo que he escrito lo he dicho convencido, pero este no es el único convencimiento. Nuestra sociedad tiene muchas zonas oscuras, muchas cosas que funcionan muy mal, pero este panorama no es irreversible; al contrario, tenemos también sectores muy saneados y muy activos, es verdad que son escasos, pero tienen un valor inmenso porque son el asidero visible para la esperanza. Estos modos antihumano y anticristiano que nos envuelven son poderosos, pero menos de lo que podría parecer y no es descabellado pensar que podemos invertir el sentido de estas tendencias ruinosas. Podremos perder la vida si así se nos pidiera en este empeño, pero no podemos perder la esperanza. A fin de cuentas, la historia tiene señor y el señor tiene nombre: Jesucristo. El Señor, con mayúscula.

8. Las funciones del padre (y VI). Bendecir a los hijos

La quinta y última de las funciones del padre consiste en bendecir a los hijos. Es función de ambos, padre y madre, y sería bueno que ambos la realizaran conjuntamente, pero también en este caso hay que señalar que, por ser el padre el cabeza de familia, su bendición tiene un peso que no tiene la bendición de la madre.

Ahora, tal vez convenga detenernos en ver qué es eso de bendecir a los hijos. La bendición de los hijos responde a una tradición bíblica que pasó posteriormente a la Iglesia en la cual se ha mantenido durante siglos y que hoy está prácticamente desaparecida, al menos entre lo que yo conozco. En mi opinión es una de esas prácticas de vida cristiana que conviene recuperar y extender tanto como se pueda porque hacen mucho bien. La bendición de los padres, igual que ocurre con la bendición en los actos litúrgicos, se usa como elemento intermedio, como bisagra, entre dos etapas, una que se da por terminada y otra que hay que empezar. La bendición sirve para culminar algo que concluye y a la vez para afrontar lo que comienza. Del mismo modo que el sacerdote bendice a los fieles al final de la santa misa u otras celebraciones, así los padres (y sobre todo el padre) bendicen a sus hijos en las despedidas, al final de cada día al retirarse a descansar, o cuando el hijo tiene que abandonar la compañía del padre, bien sea porque se queda en el colegio, bien porque sale de casa, se marcha a un viaje, etc.

Por otra parte, me parece interesante señalar que la bendición paterna no es un acto piadoso que se transmite a los hijos como quien inculca una devoción concreta o una práctica religiosa, ni es tampoco solamente un signo de educación cristiana sin mayor valor o trascendencia que las buenas costumbres. Eso no sería poco, pero el valor de la bendición supera los sentimientos de piedad o las buenas costumbres. Siempre estamos en riesgo de convertir en rutinas los hábitos, pero ese riesgo no anula el valor de los buenos hábitos; el peligro de la rutina no está en el hábito sino en no hacerlos personalmente, es decir, en dejarlos en una simple formalidad vacía de contenido.

La bendición de los hijos realizada por los padres es una práctica que bebe del matrimonio sacramental de los padres, en él hunde sus raíces y en él encuentra su sentido, teniendo en cuenta, por otra parte, que todas las acciones propias de este sacramento, a su vez, tienen su origen en el «sacerdocio común» de los fieles cristianos. Explica el Catecismo de la Iglesia católica que todo cristiano, por el rito de la crismación recibida en su bautismo, ha sido constituido sacerdote, profeta y rey, de tal manera que cualquier bautizado, por el hecho de serlo, participa de una manera misteriosa, pero viva y real, del sacerdocio de Jesucristo. Este sacerdocio común no será —y no lo es— el sacerdocio ministerial del sacramento del orden que recibe un presbítero y, por tanto, no confiere la capacidad ni el poder que confiere el orden, pero el sacerdocio común del que participa todo bautizado sí es verdadero sacerdocio. Entre estos dos tipos de sacerdocio (común y jerárquico) conviene señalar al mismo tiempo su enorme relación y su enorme diferencia. Ambos aspectos, relación y diferencia, vienen explicados por el Concilio Vaticano II de esta forma: «El sacerdocio común de los fieles y el sacerdocio ministerial o jerárquico se ordena el uno para el otro, aunque cada cual participa de forma peculiar del sacerdocio de Cristo. Su diferencia es esencial no solo gradual» (Lumen gentium, 10).

No nos interesa ahora fijarnos en las diferencias, sino al contrario, en algo de lo que tienen en común. De esas funciones comunes hay una a la que quiero referirme y es que en ambos casos se trata de un oficio de mediación entre Dios y los hombres. La labor de mediación es esencial tanto en uno como en otro tipo de sacerdocio. Ser sacerdote implica ser mediador entre los hombres y Dios. Aplicado a los padres respecto de sus hijos, su labor de mediación consiste en llevar a Dios a los hijos y llevar a los hijos a Dios. No está la cosa en tener hijos, sino en tener hijos para el cielo. No está la cosa en engendrarlos, sino en engendrarlos para la «Vida», con mayúscula, en que sean hijos de Dios para siempre. En esta tarea se inscribe y tiene todo su sentido el sacerdocio común referido a los padres. Se trata de una exigencia de la fe, constituye una altísima responsabilidad y es a la vez un honor que Dios les concede. La Iglesia se refiere a ella diciendo que «los padres son para sus hijos los primeros predicadores de la fe» (Lumen gentium, 11) y califica esta obligación como «gravísima». ¿A alguien se le hace poco?

Dentro de esta labor de mediación están las tareas de enseñar, corregir, guiar, perdonar, alentar, etc.; es decir, las que corresponden a la educación, y está también el hecho de bendecir. La tarea de bendecir, siendo propia de todo cristiano, adquiere un relieve especial cuando se trata de la bendición de los padres a los hijos. Todo fiel cristiano tiene la capacidad de bendecir. Su bendición no será —no es— como la del sacerdote ministerial, pero es bendición efectiva. La bendición de cualquier cristiano no es una expresión de buenos deseos como cuando nos felicitamos por algún acontecimiento grato o nos deseamos prosperidad para el nuevo año, el nuevo curso, etc. Esto, como cualquier gesto de cortesía o de amabilidad, está muy bien que lo hagamos unos con otros, deja buen sabor de boca y sirve para suavizar las relaciones sociales demasiadas veces ásperas, pero no tenemos ninguna seguridad de que nuestros deseos vayan a ser eficaces. Yo, por ejemplo, puedo desear intensamente la salud a alguien que está enfermo, pero ya sé de antemano que mi deseo no influirá ni poco ni mucho en el curso de su enfermedad. Ahora bien, cuando con sinceridad de corazón un cristiano le dice a alguien «Dios te bendiga», debe saber que, en virtud de su bautismo, se le ha dado la capacidad de comunicar la gracia de Dios a través de estas simples palabras. No es el deseo el que hace efectiva la bendición, sino la acción de Dios, la cual unida al deseo, resulta eficaz para aquel que la recibe. (Otra cosa es la actitud de quien reciba la bendición, que puede aprovecharla o no, tomarla en serio o despreciarla).

Trasládese ahora todo lo que se acaba de decir a los padres y se entenderá el enorme favor que estos, y especialmente el padre, pueden hacer a sus hijos cada vez que en nombre de Dios les dan su bendición.

Quizá algún lector se esté preguntando cómo se hace esto de bendecir a los hijos, qué hay que hacer y qué hay que decir. Pues bien, no hay una fórmula establecida ni una manera única, al menos que yo conozca. De la Sagrada Escritura podemos copiar bendiciones muy hermosas, que tienen la ventaja de ser Palabra de Dios, pero a mi entender pueden quedarnos un poco alejadas de la vida doméstica habitual y del funcionamiento ordinario de una familia normal. Para cada día yo me inclino por una bendición que reúna tres características: que sea muy sencilla en sus expresiones, que sea suplicante en el deseo (pidiendo a Dios que sea él quien bendiga) y que sea muy afectuosa, muy sentida. Los signos externos no son imprescindibles, pero pueden ser muy convenientes por lo que tienen de gesto que entra por los sentidos. Si se opta por acompañar la bendición de un signo, cada cual entenderá el que le resulta más adecuado: hacer la señal de la cruz en la frente, poner la mano sobre la cabeza, coger las manos, etc., para terminar siempre con un beso.

Lector amigo, si eres padre y eres cristiano, ¿conoces mejor manera de despedir a tus hijos?

4

La inocencia, cuestión educativa

1. La inocencia sufre de silencio

Uno de los temas capitales en educación, probablemente el de mayor calado humano, reside en la cuestión de la inocencia. A pesar de ello padece de una ausencia y de un silencio que son los exponentes más claros de la penuria en que se encuentra instalada esta cuestión. No creo equivocarme si digo que la inocencia sufre un doloroso desinterés generalizado. Poco debe preocupar un asunto cuando no se habla de él, y de la inocencia no se suele hablar ni dentro del mundo educativo ni apenas fuera de él. Yo al menos no me lo he encontrado en la literatura pedagógica que he manejado. En mi larga trayectoria en estos menesteres no he visto nunca que las escuelas la hayan tenido entre sus objetivos o prioridades, ni aparece en los documentos programáticos, ni en la legislación, ni hay referencias a ella en los manuales de teoría de la educación... Nada, silencio absoluto. Más aún, me atrevo a sospechar que, si alguna vez se habla de ella, se hace con desdén, sometiéndola a ridiculización y a mofa.

No sé si exagero o me quedo corto, pero sea como fuere, me gustaría mucho que ni tú, querido lector que te detienes en estas líneas, ni yo, que he asumido esta tarea de dirigirme a ti, fuéramos cómplices de este silencio. Por eso vamos a hablar de la inocencia y lo vamos a hacer situándola en el lugar que le corresponde, que es, ni más ni menos, en la cumbre de las aspiraciones de la vida personal, entendida esta como totalidad. No hay mejor síntesis para la vida de cualquiera que poder decir de alguien que se ha despedido de este mundo en estado de inocencia. Vale la pena, pues, que reflexionemos sobre la inocencia porque tal vez podamos descubrir la inmensa riqueza que encierra y nos animemos a romper el silencio y hacer algo en su favor.

Comenzaremos como conviene comenzar siempre cualquier cuestión, preguntándonos qué es. Cuando hablamos de la inocencia, ¿de qué hablamos?, ¿qué es la inocencia? Como en mi opinión hay gran confusión respecto a este concepto, antes de entrar a ver lo que sí es, vamos a dar, de manera rápida y breve, tres apuntes sobre lo que no es. Con ello no se pretende otra cosa que limpiar el campo conceptual, deshaciendo malentendidos, si los hubiera, a fin de evitar confusiones.

Lo que no es la inocencia

En primer lugar, la inocencia no es lo mismo que la ignorancia. Quien ignora está a ciegas sobre aquello que ignora, pero no así quien es inocente. La ignorancia es una tara, la inocencia no; a la ignorancia hay que combatirla mediante la instrucción y el conocimiento, a la inocencia no hay que combatirla sino cuidarla para que no se pierda, y si acaso se pierde, tratar de recuperarla.

En segundo lugar, hay que decir que la inocencia tampoco coincide con la ingenuidad, mejor aún, con la boba ingenuidad. Llamo boba ingenuidad a la falta de capacidad para relacionar las causas con sus efectos. Cuando eso ocurre, la persona afectada por este tipo de ingenuidad se sorprende de que la realidad sea como es y se produzcan las consecuencias que se producen. Pues bien, tampoco esa situación corresponde a la persona inocente, la cual no se sorprende porque las cosas sean como son ni porque los efectos obedezcan a sus causas.

En tercer lugar, y último, conviene hacer una precisión que me parece bien importante: la inocencia no es una virtud, aunque pudiera parecerlo. Las virtudes, según enseña santo Tomás, son hábitos operativos para hacer el bien. Son hábitos, costumbres adquiridas por repetición, orientadas hacia el bien, que se sitúan en el ámbito del obrar humano, del hacer. Todas ellas se definen por sus objetos, es decir, por aquello a lo que tienden, en cambio la inocencia no tiene ningún objeto concreto al que dirigirse, porque lo hace hacia el bien en general. Así por ejemplo, la prudencia lleva al hombre a tomar decisiones correctas, la templanza a moderarse el disfrute de bienes sensibles, la diligencia a obrar con prontitud, etc. Como resulta que el bien es tan amplio como el propio ser y la vida humana se despliega en un enorme abanico de posibilidades de acción, las vías de acceso al bien que nos es dado practicar son también muchas. De este modo se nos ofrecen múltiples opciones para obrar bien dentro de en un enorme repertorio de ámbitos. Pues bien, para cada uno de esos ámbitos hay una virtud, pero la inocencia no constituye ninguno de esos ámbitos. Las virtudes se practican, la inocencia no. Las virtudes pertenecen al hacer, la inocencia al ser (y al estar); la inocencia se tiene o no se tiene, pero no es una dimensión operativa del hombre, no es cosa que se haga. Sí es fuente de donde brota un determinado modo de actuar y actuar bien, pero en sí misma no es un hacer.

Lo que sí es la inocencia

Vamos ahora con lo que sí es. La inocencia es un estado, un modo de encontrarse en la vida. Desde un punto de vista moral (y también judicial) decimos que una persona es inocente cuando está libre de culpa. Esa afirmación es correcta, pero para lo que ahora nos interesa, que es el enfoque educativo, se nos queda demasiado pobre. En lo que yo quiero poner el foco de nuestra atención es en la idea —preciosa— de que la inocencia es un modo de existir, una manera de estar en el mundo, una actitud ante la vida que envuelve a la persona entera, un saber mirar las cosas en su verdad más limpia, que no es otra que su bondad. Este es el modo de ver la realidad que podemos observar en los niños, si bien la inocencia infantil se encuentra, como todo lo infantil, en ciernes, en estado de inmadurez. La inocencia infantil conserva rasgos que no deberíamos perder, pero es una inocencia inmadura y en ese sentido es una inocencia imperfecta.

Digamos al paso una palabra sobre el modo de mirar la realidad. Hay un viejo problema filosófico que consiste en saber cómo acertar en el conocimiento de las cosas. Todo lo que hay a nuestro alrededor, incluidos nosotros mismos, somos caracterizables, tenemos unos rasgos que nos definen, es decir somos de una determinada manera. Ahora bien, para conocer cómo son las cosas, para captar todos esos rasgos nos encontramos con tres problemas muy serios, los tres derivados de la capacidad de conocer que el hombre tiene. El primero se refiere a los órganos de conocimiento. Aquí hay que decir que el hombre no tiene otras herramientas naturales para conocer que los sentidos y la inteligencia. Cualquiera de nosotros sabe, por ejemplo, cómo son los colores que ve, pero no sabe, ni puede saber, si eso que él ve se corresponde con la realidad de lo mirado, ni sabe tampoco cómo es la percepción de esos mismos colores que experimenta la persona que se encuentra a su lado.

El segundo problema se refiere a la capacidad de percepción. La capacidad de conocimiento humano es muy limitada por varios motivos, entre otros porque el hombre conoce por aspectos, no conoce nunca la totalidad porque la totalidad del objeto no se nos hace presente nunca. Valga un ejemplo. Mientras estoy escribiendo en mi ordenador lo que percibo con los sentidos es la pantalla, el teclado y poco más; no tengo presente la base que hay junto a la mesa, ni la parte trasera de la pantalla, ni el interior del ordenador.

El tercero tiene que ver con la totalidad de la persona. Cuando yo conozco algo no lo hago solo con los sentidos ni solo con la inteligencia (aunque cualquiera de estas vías predomine sobre la otra) sino con la totalidad de mi persona que piensa a la vez que siente y siente a la vez que piensa. Cuando me acerco a algo, lo hago con unas motivaciones concretas, con unas expectativas, unos intereses, unos deseos, con toda la carga biográfica de mis experiencias, etc.

Si ahora caemos en la cuenta de que cuando conocemos lo hacemos uniendo estas tres limitaciones: a) las derivadas de los órganos de conocimiento, b) la capacidad de entender las cosas, que es siempre por aspectos y c) la totalidad de mi yo psicológico, la pregunta está servida: entonces, ¿cómo son las cosas?, ¿cómo es la realidad?

Si de lo que se trata es de conocimientos científicos y/o técnicos, las ciencias disponen de sus propios métodos, en general fiables; ahora bien, si lo que hay que hacer es dar respuesta a los grandes interrogantes humanos, entonces la cosa se complica mucho. ¿Qué es el sentido de la vida?, ¿qué decisión es la más adecuada?, ¿qué postura tomar ante acontecimientos concretos?, ¿qué consecuencias se derivarán de una manera de actuar o de otra?, ¿qué hacer frente a los grandes desafíos que nos presenta la vida: el dolor, la injusticia, la muerte...?, ¿cómo es la realidad, cómo son las cosas?

La mejor respuesta que conozco es de corte agustiniano: «las cosas son como Dios las ve». Ante tal contestación, la siguiente pregunta también está servida: ¿y podemos saber cómo ve Dios las cosas? A este interrogante hay que contestar que sí podemos saberlo, pero no por vía natural. Nuestra naturaleza no tiene ninguna posibilidad de informarnos sobre cómo ve Dios las cosas. Hay que acudir a otras fuentes que no son naturales sino sobrenaturales: la fe y la gracia de Dios. Con la fe y la gracia de Dios sí podemos saber cómo ve Dios las cosas, advirtiendo de inmediato que, a pesar de ello, estamos expuestos a error y que, aun contando con la fe y la gracia, hay que andar con mil cautelas porque la fe no es visión y la gracia no actúa nunca al margen de la persona ni de la naturaleza. «La fe es garantía de lo que no se ve» (Heb 11, 1), pero en oscuridad, y la gracia no falla nunca, pero no actúa independientemente de la persona y con ella podemos mezclar en el corazón —y lo hacemos muy frecuentemente— cualquiera de esos ingredientes antes citados o varios de ellos (gustos, motivaciones, deseos, etc.).

Podría parecerte, lector amigo, que me he desviado de mi propósito inicial, que era escribir sobre la inocencia. Podría parecerlo, pero no es así. Lo dicho es del todo necesario para entender la inocencia, pero no debo alargar más esta entrega. Comprometida queda la siguiente en la que, si Dios quiere, podremos ver la relación entre lo que se ha dicho y el estado de inocencia.

2. Sobre el concepto de inocencia

En el artículo anterior se dijo que la inocencia es un modo de estar en el mundo y es al mismo tiempo una manera de mirar la realidad. Procede ahora averiguar en qué consisten ese modo de estar y esa manera de mirar. La tarea no es fácil porque nos topamos con la dificultad de las fuentes. ¿Cómo saber en qué consiste la vida inocente si no contamos con ejemplos de ese tipo de vida? Esta es la cuestión. Por una parte, parece que los modelos de vida inocente son más bien escasos y por otra, los que tenemos no nos proporcionan demasiada información.

Iré por partes. La primera referencia que tenemos del estado de inocencia se remonta a Adán y Eva. Por la revelación divina sabemos que nuestros primeros padres, antes de la caída, vivieron en estado de inocencia. El problema está en que no tenemos noticia alguna de cómo era ese estado, no disponemos de más fuente que la revelación y esta es muy parca en información, apenas ofrece datos ni detalles previos al primer pecado. Independientemente de la naturaleza de ese gran tropiezo original, sí sabemos que su consecuencia inmediata y directa fue la pérdida de la inocencia recibida del Creador. Lo que podamos averiguar de la inocencia original habrá de ser por oposición al estado en que quedaron Adán y Eva después de su pecado. De este estado posterior sí tenemos información. La revelación sí nos ofrece datos de cómo actuaron una vez perdida la santidad primera. Cabe, por tanto, deducir algunos rasgos del estado contrario, el de inocencia, previo al primer pecado.

Otra fuente de inocencia está en la vida infantil. Antes de la pérdida de su inocencia, el niño también nos informa de lo que es la inocencia, si bien en este caso nos encontramos ante una inocencia infantil en estado incipiente, ligada al desconocimiento y, por tanto, rudimentaria e inmadura.

La tercera y mejor fuente la hallamos en la Virgen María. Ella es la «tota pulchra», la purísima, la única persona humana que ha vivido en plenitud su existencia en este mundo llevando una vida singular y sublime, sin tacha, sin mancha, arruga ni doblez. Ella nos abrió y nos sigue abriendo camino, aunque hay que decir que este camino excelso es camino de oscuridad y esa oscuridad ella no la suprime. La Virgen María, aun siendo madre amantísima y tierna, no nos puede despejar la oscuridad por una razón muy sencilla, porque el mismo camino, el camino de la vida, también fue oscuro para ella. A ella no se le ahorraron dificultades y el suyo fue, sobre todo, un itinerario de fe tachonado de momentos de intensa oscuridad y dureza.

La cuarta fuente está en Jesucristo. Es el cordero inocente, Dios verdadero y hombre verdadero. Él es, en un sentido radical y originario, la fuente primera de la inocencia, la fuente de donde brotan las tres fuentes anteriores (inocencia original, infantil y mariana) más una quinta a la que me referiré de inmediato. A pesar de que Jesucristo es el único que muestra al hombre quién es el hombre mismo y el único en donde se encuentra la respuesta a todos los interrogantes de la vida humana, hay que decir que el problema del desconocimiento de la vida inocente tampoco se nos resolverá de manera inmediata porque Jesucristo, siendo la fuente primera de toda inocencia es fuente-misterio. A él no se le puede entender solo desde la razón natural, hacen falta la fe y la gracia, o sea la gracia, porque la fe ya es gracia. Por él tenemos acceso libre a Dios Padre, si bien nadie puede llegarse a Jesucristo si el Padre no lo envía. ¿Qué quiero decir con esto? Que sin la fe no hay manera de entender nada de Cristo, ni de su vida, ni de su muerte, ni se puede aceptar su resurrección, ni se puede comprender su identificación con la Iglesia-esposa.

¿Se está diciendo, acaso, que no se puede saber qué es la inocencia si no hay fe en Jesucristo? La respuesta es sí. Sí, se está diciendo. No se puede hablar de vida inocente sin Jesucristo y no se puede pretender encontrarla fuera de él. Podría hacerse la excepción de la inocencia infantil, pero ya se ha dicho que la inocencia infantil es inocencia en ciernes. No es que sea despreciable y no nos sirva, al contrario, nos resultará muy útil y echaremos mano de ella para entender algunos rasgos de la inocencia, pero hablando con rigor, la inocencia infantil es inocencia no meritoria.

Aún hay una quinta fuente, menos excelsa que las dos anteriores, pero muy adecuada a nuestra a vida, valiosísima. Me refiero a la vida de los santos, canonizados o no. Los santos son hombres y mujeres que han tenido que recorrer el mismo camino que todos los demás, el camino de esta vida. Les ha tocado habitar el mismo mundo que a los demás, este mundo. Gracias a Dios, los tenemos de toda condición y de todos los lugares a donde la Iglesia ha llegado: niños y ancianos, pastores, religiosos y laicos, matrimonios y célibes, ricos, pobres y mendigos, letrados e iletrados, hombres y mujeres de toda profesión, de toda lengua, de toda cultura y nación.

Digo que canonizados o no, porque de todo hay. Los canonizados tienen la santidad certificada por la autoridad de la Iglesia; los no canonizados son aquellos hermanos ejemplares que no faltan en ninguna comunidad cristiana y que son guía y estímulo de los que vamos por detrás. Los primeros tienen el marchamo oficial de santidad y aunque no están lejanos, tal vez nos parezcan distantes; a los segundos les falta completar su carrera, pero se nos presentan como más accesibles, digamos que están más a mano, más a nuestro nivel.

Atendiendo a estas cinco fuentes, se debe indagar si tienen algo en común, porque si lo hubiera, podríamos decir que esos son los rasgos con los que definir la inocencia. Pues bien, hay que decir que sí lo tienen y se llama santidad. Santidad en distinto orden y en distintos grados. En distinto orden porque en Jesucristo es la misma santidad de Dios, santidad fontal, y en todos los demás casos es recibida. Y no solo recibida, sino recibida en distintos grados porque en Jesucristo es esencial e infinita y en las criaturas es participada y con distinta intensidad. Ahora bien, salvadas las distancias, santidad en todos los casos.

Vista así la inocencia, como santidad, hay que decir que la inocencia del hombre depende de Dios porque solo Dios es santo; solo él puede darla y solo él puede restaurarla. Al mismo tiempo hay que tener presente que Dios no actúa nunca contra la voluntad de la persona, de tal modo que la vida de cada cual es una obra cooperativa entre Dios y la propia persona; Dios pone su gracia —normalmente a través de múltiples mediadores— y el hombre sus fuerzas y capacidades, las que tenga, muchas o pocas. No nos olvidamos, por tanto, de la acción providente y amorosa de Dios, que cuida de cada uno de nosotros hasta en los más pequeños detalles, si bien lo que aquí interesa ahora es ver qué podemos poner nosotros desde nuestro ámbito, que es la educación.

Conviene, pues, volver a nuestro propósito, que es considerar la inocencia como el fin último de la educación, y si se prefiere concretar más aún, de la educación católica. Para ello es preciso caracterizar a la inocencia, determinar sus rasgos fundamentales y señalar las posibilidades que se presentan a la acción educadora. Después de examinar el asunto, me atrevo a señalar los cuatro rasgos siguientes y sus consiguientes acciones a cargo de la parte educadora, sea a nivel individual (un maestro en su aula, un catequista con su grupo) o a nivel institucional o colectivo (familia, colegio, parroquia, etc.).

1. Realismo	Educación de la mirada: enseñar a mirar (y a mirarse)
2. Desconocimiento del mal	Educar en las virtudes fundamentales
3. Aceptación del sufrimiento	Educar en la renuncia
4. Alegría	Educar en la gratitud

Como verás, lector amigo, lo que aquí se nos abre es todo un programa educativo. Como no se trata de despachar la cuestión en unas cuantas líneas, sino de dedicarle reposadamente la atención que merece, me ha parecido conveniente ir desarrollando cada uno de esos apartados y temas en entregas sucesivas.

3. Rasgos de la inocencia (I). Realismo

El primer rasgo que caracteriza a la inocencia es el realismo. El realismo (capacidad de conocer las cosas como son en su verdad) no es que sea solamente una consecuencia de la inocencia, sino que es una de las dimensiones de la propia inocencia. Cabe decir que la persona inocente ve las cosas como son, mientras que la no inocente no tiene esa capacidad. El hombre o la mujer inocente al acercarse a ellas les deja ser lo que son, no las distorsiona ni las deforma, sino que las recibe con gratitud y respeto; no las filtra de manera interesada, antes al contrario, las mantiene intactas. La primera dimensión, de imponderable valor, que debemos a la inocencia es que produce la mirada más transparente que puede darse, ya que, por su propia naturaleza, ofrece un campo de visión de la realidad absolutamente limpio. Esto es así porque despeja y limpia todo aquello que interviene en la mirada, ya sean los órganos de la visión, ya sea aquello que se ofrece a la mirada. La inocencia, al impedir la existencia de elementos que desenfoquen o deformen la mirada, hace que no haya nada que estorbe a los ojos del cuerpo y del alma para mirar (entender) lo que la persona mira.

Digamos alguna cosa sobre el acto físico de mirar y sobre los modos de haceerlo.

El acto de mirar es la mirada. La mirada se realiza con el ojo, órgano sensorial y externo con el cual miramos y vemos. Para que se dé la mirada, se necesita un sujeto que mira y un objeto que es mirado. Esto hace que con el ojo se produzca un doble movimiento entre sujeto y objeto, un movimiento de vaivén entre el sujeto, que es el que mira, y el objeto, que es lo mirado. Quien mira es siempre un hombre o una mujer, una persona humana, un sujeto, es decir, *alguien* subjetivo que para mirar no tiene más herramientas que sus ojos, los cuales, al mirar, captan lo que hay de visible afuera y lo traen hacia adentro, lo in-corporan al sujeto. Lo mirado, al ser mirado, pasa a pertenecer al sujeto que mira, por vía de conocimiento.

Ahora bien, el ojo, siendo un órgano sensorial, es más que un mero órgano, porque no solo capta la exterioridad de lo que mira, como lo hace de manera artificial el objetivo de una cámara. El ojo no solo trae las imágenes exteriores, sino que al hacerlo, simultáneamente, está proyectando la interioridad del sujeto sobre lo mirado.

Al mirar, tomo lo objetivo del mundo exterior y lo traigo a mí y al mismo tiempo (no en un segundo momento, sino a la vez), proyecto mi mundo interior sobre lo mirado. Esta es la peculiaridad de la mirada humana, que en un solo acto concita los dos ámbitos en los que se desenvuelve la totalidad de la persona: el mundo interior y subjetivo del que mira con el mundo exterior y objetivo que se percibe al mirar.

Lo que el hombre ve es, pues, el resultado de la fusión de ambos polos (fusión, no mezcla ni yuxtaposición): el de la realidad objetiva que es mirada y el de la proyección subjetiva que se realiza al mirar. Mediante la mirada traigo las cosas a mí, y a la vez, aun sin pretenderlo, plasmo mi propio ser en las cosas. La mirada nos hace, de algún modo, constructores del mundo exterior objetivo. No porque construyamos las cosas en su ser, ¡cuidado con esto! (ese es el gran error del idealismo filosófico). En sí mismas, en su propio ser, las cosas son como Dios las ha hecho, o como las ha permitido estar en el mundo, pero queramos o no queramos, nos afectan, y al afectarnos, cobran significado subjetivo.

Uno de los enfoques más luminosos para entender al hombre es considerarlo como el ser que tiene vocación de realidad, un enfoque que en el mundo de la pedagogía, debemos, sobre todo, al movimiento de la Educación Personalizada. Tener vocación de realidad quiere decir, entre otras cosas, que quiera o no quiera, no puede huir de lo real a no ser que renuncie a vivir, porque vivir en este mundo consiste precisamente en eso, en manejarse y entenderse con lo real. Esta relación forzosa hombre-realidad hace que las cosas nos afecten, y en la medida en que nos afectan, las cargamos de significado subjetivo de tal modo que siendo lo que son en sí mismas, solo podemos movernos entre ellas de acuerdo con lo que son para nosotros.

Por este motivo, las cosas, sin dejar de ser ellas, al mismo tiempo, en cierto modo, son construcción nuestra. Nosotros no les damos su sentido, el cual nos es ajeno y nos viene dado, está *ahí,* impuesto por su propio ser, pero desde el momento en que son miradas pasan a ser *nuestras* por conocimiento, puesto que el hombre, por ser inteligente, es el único ser de este mundo capacitado para entrar en el interior del ser, descubrirlo, profundizar en él y comprenderlo desde dentro. (El animal también mira el mundo, pero solo desde fuera, su conocimiento y su relación con él acontecen únicamente en la superficie, la relación animal es pura exterioridad ya que no tiene la capacidad de entrar dentro de las cosas y hacerlas suyas).

Llegados a este punto podemos afirmar que la realidad captada por el hombre es la síntesis de esas dos dimensiones indisociables, subjetiva y objetiva, que no admiten divorcio ya que ambas constituyen el acto único de mirar y ambas producen lo que el hombre ve. Mirar y ver no son la misma cosa. Por más esfuerzos de objetividad que la persona quiera hacer, siempre verá las cosas con «sus» ojos particulares. A la hora de mirar y de ver, los ojos no son indiferentes. Están afectados por el conocimiento previo de lo que se mira, por las experiencias vividas, por posibles prejuicios, por la curiosidad, por las expectativas, por los temores, etc. Todo ello conforma la *salud* del ojo. Sea cual sea la realidad que el ojo ve, las imágenes que transmita vendrán determinadas por su salud.

Pues bien, cuando el ojo está sano, la mirada es inocente y, en consecuencia, la realidad se revela como buena porque es buena. Aún lo podemos decir con mayor precisión si afirmamos que *la realidad, que de suyo es buena, solo puede ser vista como tal por los ojos inocentes,* o sea, sanos. San Pablo lo dirá de otra forma: «*Todo es puro para los puros»* (Tit 1, 15).

Vayamos ahora con los modos de mirar. En relación con la inocencia, hay que consignar dos modos básicos de mirar que encuentran su correlato en los dos grandes puntales con los que la humanidad ha construido su historia: Adán y Jesucristo, el nuevo Adán. Adán, el caído, y el nuevo Adán, levantado en alto, representan esos dos modos de mirar, que en realidad son los dos únicos que existen. Sus miradas son miradas opuestas porque sus planteamientos fueron radicalmente opuestos. Adán quiso ser como Dios por apropiación, quiso arrebatar a Dios la condición divina, y Jesucristo, en cambio, siendo de condición divina, se despojó de ella, pasando a vivir en medio de sus contemporáneos como uno de tantos (véase Filipenses 2, 5 y siguientes).

Sabemos que tras el pecado original, Adán y Eva cambiaron su modo de mirar. Lo sabemos porque *«se les abrieron los ojos»* (Génesis 3, 7) y reaccionaron defendiéndose recíprocamente, cada uno de la mirada del otro. No sabemos, porque no se nos dice, cómo se miraban antes de la caída, pero sí sabemos que no necesitaban ocultarse; la inocencia no suponía peligro. El dato de la reciprocidad es muy interesante porque no se ocultaron uno sí y otro no, sino que se ocultaron los dos. Ambos se protegieron de igual modo el uno del otro ya que cada uno, por la experiencia personal de su propia mirada, pudo entender cómo era mirado por el otro. Ambos experimentaron la mutación producida en su interior, los dos sabían lo que era haber vivido en estado de inocencia y los dos sabían lo que se cocía en su interior en esta nueva situación que les tocaba vivir. Ya no se miraban como se miraban antes y ellos lo sabían. Había aparecido un elemento antes inexistente, el peligro, y con él la paradoja más chocante y más rompedora: cada uno tuvo que defenderse en solitario del que había sido creado para ser uno con él. Su mirada pasó de ser inocente a ser posesiva, o lo que es lo mismo, a ser mirada de rapiña. Aquí está la clave, en que en este nuevo modo de mirar la gran protagonista era la mirada de rapiña, mirada ambiciosa, absorbente, dominadora, voraz, egoísta. Entre los ojos que miraban y lo mirado se había interpuesto una turbidez codiciosa y succionadora. Ya no se miraban las cosas en su pureza, en su verdad, sino con mirada interesada; ya no estaban ahí como don en sí mismas, sino como botín susceptible de apropiación y saqueo.

Frente a esta manera de mirar está la de Jesucristo, el cual, precisamente por su despojamiento, porque no actuó con avidez (ni siquiera retuvo para sí el hecho de ser igual a Dios) pudo devolver a las cosas su esplendor original, restaurarlas en su verdad y, en definitiva, hacerlas nuevas. Cristo inició una nueva era, un tiempo nuevo marcado con el sello de la restauración de todas las cosas que aún no está concluido. Una nueva era para el hombre, al cual, si quiere aceptarlo, se le capacita para recobrar la salud de su ojo (y no solo para recobrarla, sino para dotar a los propios ojos de la misma mirada de Cristo) y de este modo poder mirar las cosas en su más pura realidad, como lo que son, don de Dios; es decir, para poder mirarlas desde la inocencia.

Si ahora trasladamos estas reflexiones al campo que nos ocupa, que es el de la educación, podemos entender sin dificultad que la inocencia aparece como el estado idóneo para el conocimiento, como la mejor de las condiciones posibles para el acceso a la verdad en todos los ámbitos en que esta puede ser descubierta y/o conquistada. Esto es justamente lo que hace que muchas de las reflexiones que los niños hacen desde su inocencia estén cargadas de un candor y una sensatez que no pocas veces desconcierta a los adultos, especialmente cuando el adulto, con el devenir de la vida, se ha instalado en la complicación y en la falta de sencillez.

De este modo podemos afirmar que cultivar la inocencia es enseñar a mirar. Y no solo mirar, sino mirar dos veces. ¡Mirar y mirar!, que insistía Ortega y Gasset. Mirar reposadamente, mirar parándose a mirar. Esta es la fuente del respeto, (del latín re-spectus: re-mirar, mirar otra vez). Así, y de ningún otro modo, puede surgir el respeto natural, que es el respeto verdaderamente valioso, al cual, sin temor a desbarrar, podríamos apellidar de ontológico porque brota del mismo ser de las cosas y del mismo ser que mira las cosas. No es tanto el respeto impuesto por la norma moral, el cual siendo muy valioso y muy aprovechable (y al que hay que acudir necesariamente en la infancia y cada vez que la situación lo exija), es un respeto de peso inferior, de menos quilates.

Quizá, lector, pueda surgirte la duda sobre si educar en la inocencia no será desarmar al niño o al joven frente a las embestidas dañosas que con toda seguridad va a encontrar en su vida. La respuesta es un no absoluto, sin paliativos ni excepciones. La inocencia exige mirar con realismo y mirar con realismo no es otra cosa que una de las maneras de definir la sabiduría. «Hombre sabio —se decía en la Edad Media— es aquel al cual las cosas le parecen tal como son realmente». Me apena un tanto no poder desarrollar ahora esta definición, que es un auténtico tesoro porque encierra ideas preciosas, pero ni es el momento ni estaría bien desviarnos de nuestro tema que es la inocencia (ya lo haremos más adelante, si Dios quiere).

Ahora volvamos a nuestra posible objeción: ¿Un peligro la inocencia? ¿Nos hemos vuelto del revés? ¿Cómo va a correr riesgo ni peligro de abandono el niño cuando lo que se está procurando es hacer de él un hombre sabio? Es al contrario, la inocencia será el cimiento más estable sobre el que forjar la vida, el arma más poderosa para estar bien ubicado en la realidad, para encontrar la verdad, que será cabalmente lo que le permita encaminarse y vivir en la auténtica libertad, la que como hijos de Dios Padre nos corresponde, la única que puede afianzar a la persona en su proyecto personal de vida. Una libertad que no es «libertad de» sino «libertad para» y, que, por otra parte, no es una libertad cualquiera, sino eximia, *«la libertad gloriosa de los hijos de Dios»* (Rom 8, 21). Nada puede liberar como la verdad, y «la» verdad no se encuentra, no se ve, no se puede ver, con ojos turbios. Con ojos turbios lo que vemos es la verdad distorsionada por el interés o el egoísmo, una verdad trufada, «mi» verdad, «tu» verdad, pero esa, recordando a Antonio Machado, no sirve:

> *¿Tu verdad? No, la Verdad.*
> *Y ven conmigo a buscarla.*
> *La tuya, guárdatela.*

4. Rasgos de la inocencia (II).
Desconocimiento (que no ignorancia) del mal

El segundo rasgo característico de la inocencia es el desconocimiento del mal moral. Conviene recordar algo que ya se afirmó en el primer artículo de esta serie y en lo que habrá que insistir varias veces; a saber: que la inocencia no es ignorancia. Porque podría pensarse que la persona inocente ha de ser aquella que no puede vivir sino encapsulada en una especie de burbuja aséptica, libre de toda contaminación. No es así. Al hombre o a la mujer inocente no se les exige mantenerse alejados y sin contacto con la sociedad en la que les toca vivir; si así fuera, la inocencia quedaría reservada solamente a los misántropos y a los llamados a una rígida clausura o a llevar una vida eremítica. Ya se entiende que no es así; ni la inocencia exige separación ni los llamados a la clausura la tienen asegurada; la persona inocente, como la que no lo es, no tiene más remedio que vivir en este mundo porque mundos no hay más que uno, el único que conocemos, que es el mismo para todos. El mundo es «la casa común» de todos los hombres y, nos guste más o menos, no tenemos otra.

Al decir que el desconocimiento del mal es propio de la inocencia, lo que se está significando no es que la persona inocente no sepa que el mal existe, ni que no le afecte (precisamente al inocente le afecta más dolorosamente que al culpable), sino que conociendo su existencia y sufriendo sus efectos, no participa de él, no lo hace suyo, no tiene experiencia de él.

Para entender lo que se acaba de escribir, tal vez convenga decir una palabra acerca de lo que significa «conocer». Conocer algo, lo que se dice conocer, no es tener noticia de ese algo. Conocer no es estar informado, sino un modo de poseer, el más excelso, y conocer es también el resultado de una experiencia. Ahora vamos a explicarlo, pero antes dejemos sentado que la inocencia y el mal moral son incompatibles, sin que entre ambos quepa otra posibilidad que la exclusión, donde se encuentre el uno no cabe el otro, no hay manera de que puedan convivir ni ayuntarse. Inocencia y mal moral se oponen y se excluyen como se oponen y excluyen la luz y la oscuridad, la limpieza y la suciedad o la gracia y el pecado.

Conocer es un modo de poseer

Existen, al menos, tres modos de posesión: por propiedad, por participación y por conocimiento. La posesión por propiedad es la que se da cuando alguien dice esto es mío; mi reloj, mi libro, mi casa, etc. Este tipo de posesión se agota con la propiedad; lo que es mío es solamente mío y puedo ejercer sobre ello un dominio despótico. Puedo usarlo, venderlo, regalarlo, desecharlo, etc.

Hay una segunda manera de poseer que es la posesión por participación. También aquí puedo emplear la palabra «mío». Es el tipo de posesión a la que me refiero cuando digo mi pueblo, mi familia, mis amigos, mi colegio, etc. Ciertamente es correcto decir que mi pueblo es mío o que mi familia es mía, pero el pueblo no es solo mío, ni el posesivo «mío» significa exactamente lo mismo que en el caso de la propiedad. Mi pueblo es mío del mismo modo que lo es de todos mis paisanos y mi familia es mía de la misma manera que es de todos mis parientes, y desde luego en estos casos no tiene el sentido de propiedad sobre la que puedo ejercer un dominio despótico. Nótese que esta segunda manera de poseer es más profunda que la primera porque está cargada de solidaridad y la solidaridad es fuente de una humanidad mayor. La mera propiedad se agota en el poseedor, mientras que la posesión participada genera sentimientos solidarios y de unidad entre todos los que participan de lo mismo. En esta clase de posesión el posesivo «mío» es compatible con el posesivo «nuestro», mientras que no lo es en la posesión por propiedad en la cual lo mío es solamente mío.

Existe aún una tercera manera de poseer que es la posesión por conocimiento. Cuando conozco algo, hago mío lo conocido, aunque no sea mío por propiedad ni por participación. (Para simplificar cuanto pueda la explicación, excluiré el segundo tipo de posesión que es la posesión por participación y compararé solamente la posesión por propiedad con la posesión por conocimiento). Si conozco el teorema de Thales, por ejemplo, el teorema de Thales pasa a ser mío. No será mío en propiedad exclusiva, no podré disponer de él como puedo disponer de mis bienes privados, pero es mío. Se trata de un modo de posesión más perfecto que la propiedad, ya que la propiedad de cualquier bien privado se agota en su dueño, mientras que la posesión por conocimiento permite que sea una posesión ilimitada; en el ejemplo del teorema, este no pierde nada de la verdad que contiene, ni se agota, porque sean muchos los que lo hayan hecho suyo.

Conocer es el resultado de la inteligencia, la voluntad y la experiencia

En un segundo momento conviene ver que en la posesión por conocimiento se concitan las tres dimensiones fundamentales de la psicología humana: la inteligencia, la voluntad y la experiencia de lo conocido, mientras que en la posesión por propiedad no necesariamente. La inteligencia se hace imprescindible para comprender lo que se me presenta como objeto de conocimiento, la voluntad para asumirlo, amarlo y hacerlo mío y la experiencia para que entre a formar parte del bagaje biográfico personal, del conjunto de lo vivido. En la posesión por propiedad, el poseedor puede entender acerca de lo que posee o ser un perfecto ignorante, puede amarlo o repudiarlo, y puede haber entrado en contacto con lo poseído o no; en cambio, poseer por conocimiento, implica inteligencia, amor y experiencia con lo que se conoce.

Para no alargarme en exceso, me referiré solo a la experiencia. Alguien puede ser el propietario de bienes que nunca ha visto o disfrutado, mientras que el conocer exige la relación directa y, por tanto, la experiencia viva entre la persona que conoce y lo conocido. Conocer Australia, por ejemplo, no consiste en saber que Australia existe, no es saber localizarla y reconocerla en un mapa, ni hablar con alguien que viva allí, ni comprar productos australianos. Para conocer Australia hay que ir al país, recorrer sus lugares más significativos, patearlo si se puede, hablar con sus gentes, etc.; es decir, tener alguna experiencia de vida en Australia. Digamos para terminar esta explicación que este conocer es justamente el que se corresponde con la noción bíblica de conocer.

Si volvemos ahora a la cuestión de la inocencia, que es la que nos ocupa, y su relación con la educación, hemos de preguntarnos si es conveniente que el niño «conozca» (tenga experiencia de) el mal y hasta qué punto. Hoy está extendida la idea de que hay que conocerlo todo y probarlo todo. No es verdad. Dígalo quien lo dijere, no es verdad. Sí es verdad que la experiencia, como recurso educativo, goza de indudables bondades, pero el principio no es absoluto. Nadie en su sano juicio aplica el criterio de que hay que probarlo todo a la escalada por las torres del tendido eléctrico, ni a la toma de cianuro o de la amanita phalloides.

Hagamos un poco de historia. Diversas corrientes pedagógicas a finales del siglo XIX y durante el XX, de orígenes diferentes (María Montessori en Italia, John Dewey en EE.UU., Ovidio Decroly en Bélgica, el P. Manjón en España, etc.), han fundamentado sus respectivos modelos pedagógicos en el valor educativo de la actividad y la experiencia. Sus propuestas teóricas y los logros prácticos indiscutibles hicieron que el principio de actividad se tornara incontestable; los aprendizajes basados en la experiencia fueran acogidos con general aceptación, dando lugar así a lo que entonces se conoció como «escuela nueva» o escuela activa. Se impuso, e impuesto está, un modo dinámico de entender la enseñanza frente al academicismo y la pasividad que habían sido tradicionales hasta ese momento. Su valor está más que demostrado; ahora bien, en el campo que nos ocupa, que es el moral, el principio de actividad tiene sus límites. En este campo el principio de actividad no es un absoluto. No es verdad que sea bueno experimentarlo todo. El mal no tiene por qué ser asumido ni experimentado.

Aquí encuentra su razón de ser el principio genérico de moralidad humana que consiste en hacer el bien y evitar el mal. Y aquí encuentra su sitio la educación en las virtudes morales. Dicho de otro modo, no es bueno conocer el mal en el sentido profundo de «conocer» que se acaba de comentar. No hay nada que justifique «conocer» el mal moral. Respecto de la inocencia, el niño tiene que saber que el mal existe, pero no tiene que conocerlo; al contrario, es preferible que no lo conozca (recordemos una vez más que inocencia no es sinónimo de ignorancia). Si conocer no fuera una forma de poseer, no habría mayor problema, pero los hechos son tozudos y no podemos desligar el conocer algo de hacerlo propio por parte de quien lo conoce; no se puede desligar a la persona de sus actos porque entre el ser y la obra hay una relación de continuidad.

Digamos las cosas en su verdad: hacer conocer el mal es abrir los ojos al mal, con el riesgo de inducir a él, sabiendo además que el salario de la inducción al mal es el escándalo. El conocimiento del mal no tiene necesariamente que llevar al escándalo, pero sí que debe contemplarse como posibilidad real muy fundada. A este propósito, se hace preciso recordar que el escándalo mereció unas de las palabras más duras salidas de la boca de Jesucristo, el Señor. Personalmente soy muy poco proclive a ver las cosas en negro, pero tengo que decir —y lo digo con mucho dolor— que, en el panorama actual, observo en los adultos una falta de celo generalizado en el cuidado por mantener la inocencia de los niños. Esto no es abogar por la ignorancia, aunque también hay que decir que hay cosas sobre las que, tenga uno la edad que tenga, es mejor no tener ninguna información, ni mucha ni poca, porque tal información no aporta nada bueno y sí mucho malo. Pongo dos ejemplos, los dos son extremos, pero hoy están al alcance de cualquiera, y el segundo, aún mucho más que el primero. No hay ninguna necesidad de ser informado sobre cómo se desarrolla un rito satánico o una aberración de contenido pornográfico. Sí es verdad que el niño, o el joven, a su debido tiempo (no antes ni después), tiene que saber de qué tiene que defenderse y qué cosas, muy probablemente, se va a encontrar más pronto que tarde, pero su educación debe basarse en tener experiencias de bondad, de verdad, de belleza y de alegría; es decir de vida virtuosa, cuanta más mejor, evitando, hasta donde se pueda, dar rienda a la curiosidad malsana, y por otra parte, a la participación en hechos reprobables que puedan dejar huella profunda en su cuerpo y en su alma.

Para evitar posibles peligros, un buen antídoto es un programa de educación moral basado en la educación en las virtudes fundamentales: prudencia, justicia, fortaleza y templanza. A estas cuatro tradicionales, llamadas cardinales, tan básicas, tan antiguas y tan actuales (y a la vez tan necesarias para el hombre como puedan serlo la respiración o el alimento a nivel físico) hay que añadir otras dos por las que el insigne pedagogo Víctor García Hoz tenía gran estima: el orden y la alegría.

Toca terminar, pero no quiero dejar de mencionar un gran olvidado en esta cuestión: el sentido del pudor y su educación. Está contenido en la virtud de la templanza, pero tal vez convenga dedicarle detenida atención en su día.

5. Rasgos de la inocencia (III). El dolor de la renuncia

En el segundo artículo de esta serie, titulado «*Sobre el concepto de inocencia*», ha quedado dicho que el tercer rasgo de la inocencia es la aceptación del sufrimiento, para lo cual es necesaria, mejor aún, imprescindible, la educación en la renuncia. Quizá al primer golpe de vista no se vea demasiado clara la relación que pueda haber entre la aceptación del sufrimiento y la educación en la renuncia, con la inocencia. ¿Dónde está la relación, si es que la hay? La respuesta es que sí la hay, es muy estrecha y está en que la inocencia —según decíamos en el artículo anterior «*Rasgos de la inocencia (I). Realismo*»— conlleva una forma de mirar, y la renuncia a las propias satisfacciones en pro de un bien mayor que la satisfacción, también es un modo de mirar el mundo, una toma de postura ante la realidad.

Pensar en la educación en la renuncia lleva necesariamente a plantearse la cuestión de los derechos de la persona porque no podemos hablar de la renuncia sin referirnos al interesante campo de los derechos. Es necesario por tanto comenzar por aquí, por la cuestión de los derechos del hombre. Se trata de un ámbito en el que los hombres de nuestro tiempo somos extremadamente sensibles. Por varias vías se nos ha inculcado el valor eximio de nuestros derechos individuales y su inviolabilidad a la que hay que proteger con todo celo. De pocas cosas seremos tan conscientes los hombres de nuestra época y en pocas estaremos tan vigilantes como este asunto de los derechos personales. Desde edades tempranísimas tenemos una conciencia muy viva de que esos derechos son intocables. No diré yo lo contrario, porque es verdad que lo son, pero al tiempo conviene caer en la cuenta de que esa verdad no es la única verdad, ni toda la verdad, ni la mayor verdad referida a nuestros derechos. Que los derechos individuales son intocables es cierto, absolutamente cierto, pero lo es solamente en un sentido, el que va desde cada uno hacia los demás. Ante los derechos personales, la única postura no es la de ejercerlos, también hay otra que consiste en renunciar a su ejercicio. Dicho en primera persona, el respeto a los derechos individuales a mí me obliga siempre tener en cuenta los derechos de mis prójimos. Ahora bien, frente a mis prójimos, no hay nada que me pueda obligar a defender siempre y a toda costa mis derechos. Siempre, absolutamente siempre, se me podrá exigir que respete los derechos ajenos, pero nadie podrá impedirme que yo renuncie al ejercicio de los míos, cuando la renuncia suponga un bien mayor que su defensa.

Voy a decir más. La defensa cerrada y absoluta de los derechos de cada uno, siendo legítima, no es evangélica. No digo que sea antievangélica, pero sí digo que no está en los textos sagrados. Yo al menos, que he leído y releído muchas veces todas las páginas del Nuevo Testamento y una gran parte del Antiguo, no he encontrado ni un solo versículo en el que se me inste a defender mis derechos contra viento y marea. La frase: «Defiende tus derechos» es un tópico de la mentalidad actual, una especie de dogma fundamental intangible al que hemos dotado de un carácter cuasi-religioso, pero no procede del Evangelio. Lo que sí he leído en esas páginas santas, y he meditado en muchas ocasiones, son exhortaciones en sentido contrario. Cosas como estas que transcribo: *«al que quiera ponerte pleito para quitarte la túnica, dale también el manto»* (Mt 5, 40), *«a quien te pide, dale; al que se lleve lo tuyo, no se lo reclames»* (Lc 6, 30). Y si además me fijo en el autor de estas palabras, Jesucristo, veo no solo que las confirmó con su vida, sino que las llevó hasta el extremo. Y no porque desconociera los derechos que le asistían, que lo sabía perfectamente, sino porque renunció a ellos, y siendo el Señor, quiso venir *«no a ser ser servido sino a servir»* (Mt 20, 28), rebajándose voluntariamente *«hasta someterse incluso a la muerte y muerte de cruz»* (Flp 2, 8).

Llegados a este punto, y pensando en la educación de niños y jóvenes, la pregunta es ineludible: ¿qué hacemos? Porque puede parecer que nos encontramos ante un dilema difícilmente resoluble. Todo nos empuja a entender que tenemos que optar entre afirmar nuestros derechos, afianzándonos en ellos, o bien seguir el Evangelio que parece indicar lo contrario. ¿Qué hacemos quienes hemos de educar: enseñamos a nuestros hijos y/o alumnos a velar por sus derechos o les dejamos desasistidos en este campo? ¿Les inculcamos o no les inculcamos una guarda celosa de sus derechos de manera que nadie se los toque? ¿Deben o no deben conocerlos?

Comenzaré por esta última pregunta. La respuesta es sí. Deben conocer sus derechos por varios motivos. Señalaré cuatro. Uno, para ejercerlos debidamente. Dos, para defenderlos en caso de vulneración, cuando se entienda que hace falta. Tres, para poder renunciar a ellos. (Aquí hay que hacer una pausa antes de pasar al cuarto motivo). Cuando llegue el caso de considerar que se debe renunciar a ellos, para hacerlo, antes hay que conocerlos. Es evidente que nadie puede hacer renuncia de lo que ignora. Para renunciar a algo hay que tener claro a qué se renuncia y hay que saberse titular o propietario de aquello a lo que se renuncia.

El cuarto motivo tiene un alcance mayor. Además de los motivos anteriores, debemos conocer muy bien los derechos de las personas no tanto para defenderse cuanto para defender los derechos de aquellos que no podrán hacerlo nunca por sí mismos. Si verdaderamente el prójimo nos importa, nos encontraremos con abundantes casos de personas que por causas diversas no serán capaces de ejercer ni defender los derechos que les corresponden. Niños, discapacitados, ancianos, inmigrantes, personas en situación de debilidad, de marginación, etc., a menudo se encuentran en situación de desprotección, sin posibilidades reales de hacer frente a los embates y a la competitividad de una sociedad cada vez más individualista y agresiva. ¡Claro que hay que conocer y velar celosamente por los derechos de la persona! Pero no solo ni principalmente por los propios, sino por los de aquellos que dependen de nosotros y por todos los desvalidos que Dios ponga en nuestro camino. Esta es la gran cuestión en torno a los derechos individuales.

¿Defender los derechos? Sí, ¿pero de quién?

Porque ocurre que, si estamos muy atentos solo a velar por nuestros derechos, nos quedamos sin ojos para ver los de los demás. Digámoslo con claridad. Esa manera de proceder tiene nombre: egoísmo, que es justamente lo contrario del amor cristiano cuya fuente está en el amor a Dios. En el mundo en que nos toca vivir —en este de ahora y en el de siempre— el egoísmo enfría la caridad, abre el camino al odio y entorpece enormemente las relaciones personales. Mal puede preocuparse del bien de los demás quien no está pendiente sino de sí mismo.

No leerás lector, una sola palabra escrita por mi mano contraria a los derechos humanos, ni a la doctrina genérica y universal, ni al ejercicio particular de los mismos, ni creo que haya que renunciar a ellos de manera sistemática, pero me parece muy sospechoso que la única visión sobre nuestros derechos sea la de una defensa a ultranza de los mismos. Nuestro mundo no es perfecto, no lo ha sido hasta ahora y no lo será nunca porque el hombre es un ser herido en su misma raíz. No faltarán en la vida de nadie motivos para el sufrimiento. Conviene estar preparados para afrontarlo y para convivir con fallos, torpezas y maldades propias y ajenas. Exigir el cumplimiento exacto de nuestros derechos es pedir a los demás una perfección imposible, que ni ellos pueden proporcionar ni ninguno de nosotros somos capaces de ofrecer. Pensar que vamos a ser siempre respetados, que nadie va a ponernos zancadillas en la vida o que todos nuestros derechos van a estar siempre asegurados es pensar en un mundo irreal. Pensar en un mundo así y esperar que se cumpla es una quimera. Quien educa para vivir una vida desde esos planteamientos —lo sepa o no— está siendo presa de una ingenuidad infantiloide rayana con la necedad.

Personas que plantean la vida así son precisamente las que nuestro mundo menos necesita. Lo que a nuestro mundo más falta le hace no son hombres y mujeres siempre en guardia para que nadie toque sus derechos, siempre listos para reclamarlos ante el más mínimo descuido o agresión exterior. En cambio, sí está necesitado de hombres y mujeres que siendo conocedores y conscientes de sus derechos, estén prontos al desprendimiento y a la renuncia en favor de causas nobles y de bienes más altos que la mera autosatisfacción. Hombres y mujeres abnegados, que no se cierren a su propia carne, dispuestos a la renuncia prudente y generosa de lo que en derecho les pueda pertenecer, y por ello mismo dichosos de entregarse a los demás, en lugar de estar encerrados en sí mismos, sintiéndose a diario víctimas de unos y de otros. Hombres y mujeres que han creído la palabra del Señor y se han convencido de su verdad: «*el que quiera salvar su vida, la perderá; pero el que pierda su vida por mí y por el Evangelio, la salvará*» (Mc 8, 35).

Educar en el desprendimiento habitúa a pensar en los demás y nos abre hacia ellos. Nos ayuda a mirar el mundo en clave de bondad y justamente por esta razón está en relación directa con la inocencia. La inocencia no tiene sentido sin apertura al otro porque no puede darse fuera de la relación. Este tipo de educación vacuna contra el victimismo, previene la egolatría, destierra la ingenuidad boba, ayuda a ser comprensivos con los demás cuando cometen errores y tiene la gran ventaja de que puede comenzarse desde la más tierna infancia. Sospecho que muy probablemente, la inexistencia de la misma explique una buena parte de los casos de la actual plaga del suicidio. No tengo ningún dato para lanzar esta sospecha, pero sí estoy seguro de que me alegraría enormemente errar en esta sospecha.

6. Rasgos de la inocencia (y IV).
Recapitulación, alegría y gratitud

En este sexto y último artículo dedicado a analizar la inocencia como asunto que debería interesar a la educación y ocupar a los educadores, creo que puede ser conveniente recapitular lo dicho hasta ahora para concluir después con la cuestión de la alegría y la educación en la gratitud.

Quienes hayan tenido a bien leer «*La inocencia sufre de silencio*» quizá recuerden que dedicamos cierta extensión a aclarar el concepto, explicando lo que no es la inocencia, para centrarnos después en lo que sí es. Decíamos entonces, y resumimos hoy, que la inocencia no es ignorancia porque la persona inocente no vive de espaldas a lo que le rodea, al contrario, tiene los ojos bien abiertos y por eso el primer rasgo es el realismo, que, llevado a la acción educativa se traduce en una educación de la mirada. Decíamos a continuación que tampoco es ingenuidad, entendiendo por tal la actitud de quien se sorprende de que las cosas sean como son y de que las causas produzcan sus correspondientes efectos. En tercer lugar, se indicaba que la inocencia no es ninguna virtud, sino el estado de vida que hace posible la práctica de las virtudes y, en consecuencia, la vida virtuosa. Terminábamos ese primer artículo explicando con cierto detenimiento que la inocencia consiste en un modo de estar en el mundo que lleva a la vez a mirar la realidad en su bondad. Lo decíamos exactamente con estas palabras: «la inocencia es un modo de existir, una manera de estar en el mundo, una actitud ante la vida que envuelve a la persona entera, un saber mirar las cosas en su verdad más limpia, que no es otra que su bondad».

Después, en «*Sobre el concepto de inocencia*» y en «*Rasgos de la inocencia (I). Realismo*» nos detuvimos a explicar con amplitud que educar en la inocencia es enseñar a mirar. A pesar de ello, permíteme lector que retome la idea en esta síntesis y abunde en ella nuevamente.

La Pedagogía tiene ampliamente demostrado que las actitudes son educables. Las actitudes no son los actos, sino las disposiciones previas a los actos, las tomas de postura teórica ante cualquier aspecto de la realidad, algo así como el manantial ideológico de donde brotarán luego las acciones concretas. Digamos también que las actitudes se hacen presentes en el modo de mirar y lo condicionan.

Pues bien, si nos fijamos ahora en la mirada como acto humano y nos centramos en el niño, hay que decir que el niño ve, pero no sabe mirar. El niño ve, pero sus ojos no son los objetivos de una cámara fotográfica, impersonales, asépticos y fríos. Tenemos, por tanto, que enseñarle a mirar. Educar a una persona exige enseñar a mirar y mirar bien; a sí misma y al mundo que le rodea. Esta es la cuestión clave de la educación en las actitudes: enseñar a mirar. El siguiente paso es responder a la pregunta ¿qué es mirar bien? Aquí las respuestas divergen porque dependen del concepto de bien del que arranquemos. Nosotros, personas de fe cristiana, para esta pregunta tenemos una respuesta altísima e insuperable. Mirar bien es mirar como Dios mira. Aquí está la llave para educar en las actitudes. Esta es la gran aportación que nos da nuestra fe en este punto que estamos comentando y que nunca podremos agradecer bastante. Mirar como Dios mira. No podemos imaginar objetivo más alto, pero no podemos renunciar a él. Acercarnos al modo de mirar de Dios, aprender de él, ensayar cuanto haga falta hasta hacer nuestra esa mirada suya, sabiendo que modelos no nos faltan. El primero es el de Jesucristo, el Señor, con cuyos modos de mirar devolvió a las cosas su inocencia radical, ontológica, y con ella su belleza original y sublime. Y lo que es aún más importante, limpió los ojos de aquellos que aprendieron de él cómo había que mirar. Solo él, el cordero inocente, sabe mirar a las cosas en su verdad y dar verdad a las cosas al mirarlas. ¡Qué bien lo entendió san Juan de la Cruz y con qué altura lírica supo expresarlo, mil quinientos años después, en esa obra no superada que es el Cántico Espiritual!:

> *«Mil gracias derramando*
> *pasó por estos sotos con presura*
> *y, yéndolos mirando,*
> *con sola su figura*
> *vestidos los dejó de su hermosura.»*

A esto se podría objetar que Jesucristo era Dios y nosotros no, pues nosotros somos hombres. Cierto, pero la objeción no vale, porque también él era hombre y en este asunto se igualó a nosotros ya que también él necesitó aprender a mirar. Porque la mirada de la que hablamos es la mirada del hombre Jesús. Sí se podría aceptar como objeción el hecho de que en nosotros, criaturas heridas por el pecado, una mirada así no es posible. Efectivamente, sin el Espíritu Santo ese modo limpio de mirar la realidad es imposible. La mirada de Jesús, el Dios-Hombre, era una mirada incontaminada y estaba íntegramente movida por el Espíritu Santo que habitaba en él. Ahora bien, conviene recordar que ese mismo Espíritu se nos ha dado también a nosotros y estamos llamados a producir (re-producir) en nuestras vidas las mismas obras de Cristo, según nos enseñan la Palabra de Dios y el Catecismo de la Iglesia católica.

Digo más, no solo estamos llamados a hacer las mismas obras de Cristo, sino «aún mayores» (Jn 14, 12). Esto de que podamos hacer sus mismas obras «y aún mayores» no se nos podría haber ocurrido a ninguno porque es cosa que no cabe en cabeza humana por bien equipada que esté, pero justamente ahí está lo chocante y lo llamativo, en que se le ocurrió a Él, no a nosotros; eso ha salido de sus labios, no de los nuestros. Dios, nuestro Dios, es así y no ha llamado nunca a nadie para que le enmiende su voluntad santísima y soberana; al contrario, nos ha llamado a todos a cumplirla.

En «Rasgos de la inocencia (II). Desconocimiento (que no ignorancia) del mal» explicamos otro de los rasgos fundamentales de la inocencia, el desconocimiento del mal, haciendo hincapié en el significado profundo del verbo conocer: participar de lo conocido, experimentarlo, poseerlo y hacerlo propio. La inocencia y el mal moral son irreconciliables por principio y por eso se excluyen mutuamente sin ninguna posibilidad de compatibilización. Decíamos entonces, y resumimos ahora que «no es verdad que sea bueno experimentarlo todo. El mal no tiene por qué ser asumido ni experimentado». La inocencia debe ser preservada hasta donde se pueda, tratando de evitar el pernicioso daño del escándalo. No se educa a nadie haciéndole gustar del mal, de la mentira o de la fealdad, sino al revés, haciéndole vivir «experiencias de bondad, de verdad, de belleza y de alegría; es decir de vida virtuosa, cuanta más mejor». No somos Dios ni podemos jugar a ser dioses. Solo él es el dueño «*del árbol de la ciencia del bien y del mal*» (Gen 2, 17). Ese árbol y su ciencia no se lo entregó al hombre, al contrario, se lo reservó para sí; por eso solo a él le corresponde decidir hasta dónde puede conocer el mal cada persona, hasta dónde puede participar de él y experimentarlo. Él sí lo sabe, pero nosotros no, a nosotros lo que nos corresponde es tratar de impedirlo, para no incurrir en escándalo.

Desde ahí pasamos a «*Rasgos de la inocencia (III). El dolor de la renuncia*», en donde hicimos una reflexión sobre la aceptación del sufrimiento y la educación en la renuncia. Como tal vez pudiera entenderse la renuncia como una postura contraria al ejercicio de los derechos personales, dedicamos la práctica totalidad del artículo a explicar varios puntos que pasamos a resumir diciendo que hay que enseñar al niño a que conozca sus derechos, con una cuádruple finalidad: en primer lugar, para que pueda ejercerlos cuando corresponda; en segundo lugar, para que pueda defenderlos en caso de vulneración; en tercer lugar, para que pueda renunciar a ellos cuando así lo exija la caridad cristiana; y en cuarto lugar para que pueda reclamarlos para los más débiles, aquellos que por no poder defenderse por sí mismos, nunca podrán disfrutar de tales derechos.

Todo ello, decíamos, nos aleja de una postura muy generalizada en la actualidad que consiste en reclamar y defender nuestros derechos con uñas y dientes, sin renunciar jamás a ellos. Por supuesto que hay que educar al niño para que defienda sus derechos, pero ese modo de proceder no es el único. ¿En qué ley hay que basarse para decirle a alguien que él nunca debe renunciar a un derecho? Recordábamos que en el Evangelio el mandato «defiende tus derechos» no aparece y por otra parte tampoco se desprende al contemplar la vida de Cristo. Decíamos también que esa actitud de exigencia no es evangélica porque abre la puerta al egoísmo y lo fomenta. Completemos ahora la misma idea con una máxima latina de Cicerón: summum ius, summa iniuria (sumo derecho, suma injusticia). Por eso también hay que educarle para que llegado su momento pueda renunciar a ellos con altura de miras y con generosidad, en pro de bienes mayores.

Siguiendo este recorrido, llegamos, como conclusión necesaria, al último rasgo de la inocencia, la gratitud. Si al educar enseñamos a mirar la realidad de la manera más limpia posible, tratando de descubrir su bondad y su belleza, si excluimos el mal hasta donde podamos sin componendas con él ni concesiones, si habituamos al ascetismo que caracteriza a quien opta por renunciar a lo que le pertenece en favor de bienes más elevados, si al tiempo tomamos una postura decidida por la justicia impregnándola de amor cristiano... entonces podremos entender la vida humana en clave de don.

La clave, en términos musicales, es el signo que puesto al principio de un pentagrama da nombre a cada sonido. Quien pone su vida en clave de don puede reconocer la providencia de Dios en todos los avatares que le vayan sucediendo y asegura la gratitud como respuesta global a la vida. Todo, sea lo que sea, sirve para elevar el corazón agradecido. A Dios Padre siempre y en todo lugar, y a los hombres en muchísimas ocasiones. Mas no se piense en este modo de plantearse la vida y la educación como una carrera esforzada y amarga, resignada ante un mundo que no la entiende. Nada de eso, es al revés. Ya contamos con que el mundo (el mundo en el peor sentido de la palabra, en el sentido de mundano) será hostil a Dios siempre, porque si no, no sería este mundo en su estado actual. El mundo siempre ha ofrecido, y seguirá ofreciendo, resistencia a lo que no quiere ni es capaz de admitir, pero el cristiano verá recompensado este estilo de vida con la paz y la alegría, esa que el mundo no puede dar. Es más, recibirá esta recompensa no solo en el cielo en un grado que no podemos ni soñar, sino aquí, mientras vive en esta tierra.

Este es justamente el último rasgo que quería significar como propio de la inocencia, la alegría, que tiene más la condición de salario recibido que de logro debido a nuestras fuerzas. Por mi parte me atrevo a verlo reflejado en estas palabras-guía del evangelio:

«Buscad el reino de Dios y su justicia y todo lo demás se os dará por añadidura» (Mt 6, 33).

5

Amar y ser amados

1. «Empoderar», un verbo en boga que (me) suena mal

«Empoderar(se)» es un antiguo verbo caído en desuso cuyo significado era «apoderar(se)». Pero dada la supremacía lingüística del inglés y su influencia creciente en nuestro mundo, desde hace unos años hemos vuelto a recuperar «empoderar» para, según decía hace unos años el Diccionario panhispánico de dudas, hacer con él, un «calco del inglés *to empower,* que se emplea en textos de sociología política con el sentido de "conceder poder" [a un colectivo desfavorecido socioeconómicamente] para que, mediante su autogestión, mejore sus condiciones de vida».

No deja de ser chusco —admítase este término castizo— que, para alinearnos con la terminología foránea, vengamos a rescatar del trastero de nuestra lengua una palabra española, pero para usarla no con su significado original, sino con el del original inglés que hemos calcado. Ese significado calcado, que es con el que se emplea en la actualidad, el Diccionario de Lengua de la RAE, en su primera acepción lo ha dejado establecido así: «hacer poderoso o fuerte a un individuo o grupo social desfavorecido». Y esto a lo mejor resulta ser una acción estupenda y hace bien a los empoderados, pero a mí, como digo en el título, me suena mal. Diré por qué.

Me suena mal por dos motivos: en primer lugar, porque entiendo que en la génesis de «empoderar» hay un revuelto ideológico de filosofía marxista y nietzscheana, que, por otra parte, no se muestra a las claras, sino que permanece oculto; y después, en segundo lugar, por el contenido del término.

Con la caída del muro de Berlín primero y la posterior desaparición de los regímenes comunistas de la antigua URSS y sus adláteres europeos, ser marxista pasó a estar mal visto. Las ensoñaciones con el marxismo teórico, el único que en esa época seguía existiendo en forma idealizada, se fueron desvaneciendo y tanto los partidos, que viven del voto ciudadano, como aquellos individuos que viven de los partidos, acabaron por despojarse formalmente de las referencias marxistas, las mismas referencias de las que tan ufanos se habían sentido años atrás y que habían propagado por los cinco continentes y defendido con uñas, dientes y tiros allí donde estaba en juego el poder.

Tras el abandono del marxismo, la izquierda mayoritaria, la de masas, entró en una crisis de identidad de la cual no se ha repuesto aún. La renuncia formal al marxismo se impuso como obligatoria por su propio peso, pero acarreó un problema que esa misma izquierda sigue sin resolver y es el de encontrar otra ubre teórica que sustituyera a la depuesta. El derrumbamiento de los regímenes comunistas europeos sorprendió a todos, y muchos marxistas convencidos no tuvieron más remedio que admitir que el marxismo se había arrancado, pero no se encontró, ni se ha encontrado todavía, otro cuerpo de doctrina que ocupe su lugar. El marxismo estaba plagado de errores de planteamiento que a su tiempo fueron denunciados desde mil instancias, pero tenía a su favor que era una cosmovisión, una ideología, un planteamiento global que servía para entender y organizar la totalidad de la vida, tanto de los individuos como de las sociedades. Para quienes no supieron ver sus errores, o se resistieron a aceptar las denuncias, había al menos un cuerpo de doctrina al que agarrarse.

Pero después no. A falta de una construcción teórica consistente (falsa, pero para los marxistas era consistente), la necesidad de llenar

ese vacío ha venido a cubrirse sustituyendo la doctrina original tota-
litaria con diversas propuestas sectoriales. He aquí algunas: igualitarismo, feminismo, aborto, animalismo, ecologismo político, antica-
pitalismo, homosexualismo, teoría de género... Y en los últimos años
se ha añadido la propuesta del empoderamiento, que a mí me trae
resonancias de la antigua lucha de clases. No digo que sea lo mismo,
pero sí veo dos similitudes: los proletarios del marxismo son sustitui-
dos por los desfavorecidos y tanto a aquellos como a estos se les insta
a convertirse en poderosos. Ya sé que se trata de distintos enfoques
sobre el poder y de distintas estrategias, pero el objetivo es el mismo:
tener poder. Además, hay una ausencia que resulta ser clave y por la
cual el empoderamiento no me resulta grato y que también se daba
en el marxismo, y es que no se fundamenta en el concepto de persona, sino en el de clase. El sujeto no es la persona, sino los colectivos,
la masa. He echado una ojeada en internet para ver quiénes son los
destinatarios del empoderamiento y veo que a quien se dice querer
empoderar es a los desfavorecidos, a las mujeres, a los niños, a los
pacientes hospitalarios, a los discapacitados, a los inmigrantes, etc.,
pero dicho así en plural, formando clase.

Por otra parte, el deseo de poder me trae también otras resonancias de la filosofía de Nietzsche y su modelo de construcción
humana que él fija en el superhombre («la especie más alta de lo
existente»), aquel que supera al hombre que hasta Nietzsche había existido y que se mueve por la «voluntad de poder», entendida
esta como autoconstrucción personal sin ningún tipo de limitación.

Cuando se trata de tomar postura sobre las ideas, cada cual se
apunta a lo que le convence, a lo que mejor le parece o a lo que estima oportuno. Ahora bien, las ideas tienen sus consecuencias y aquí
reside el valor inmenso e imperecedero de la filosofía. Si las ideas
no traspasaran el campo de la discusión dialéctica, resultaría muy
complicado demostrar su acierto o desacierto, pero ocurre que el
hombre es un ser pensante y a la vez es un ser fáctico, un ser que
piensa y actúa, por lo cual las ideas tienen la virtualidad de informar

la acción, de traducirse en hechos que afectan a la vida de personas, a sus familias y a comunidades enteras. Cuando eso ocurre, las ideas ya no pueden ser tomadas solo como los elementos propios de un campo de refriegas intelectuales, sino como agentes que entran a formar parte de la configuración de la sociedad y de las leyes por las que se rige, de los modos de vida y de la cultura, y, en consecuencia, deben ser extendidas si hacen bien y combatidas cuando se muestran perjudiciales.

Porque son las obras las que dan la medida de las ideas y demuestran su validez. «*Los hechos dan razón de la sabiduría de Dios*» (Mt 11, 19) y los hechos dan razón también de la verdad o de la falsedad que hay en las ideas de los hombres, de su bondad o maldad. Por eso si nos remitimos a hechos que ya están registrados por la historia reciente, yo no puedo aplaudir al marxismo ni al vitalismo nietzscheano. Y por eso mismo, si ahora se nos vende un revuelto de ambos bajo la etiqueta del empoderamiento, yo tengo que decir que a mí no me gusta y que no espero nada bueno de su puesta en práctica, como se puede comprobar en un ejemplo bien concreto, el de la adolescencia, sector de población, que, según opinión ampliamente extendida, anda falto de autoridad al tiempo que está sobrado de empoderamiento.

En cuanto al contenido, creo que hay un gravísimo error cuando se presenta como objetivo deseable el logro del poder, ya se entienda este como el poder político, como económico o como autosuficiencia del individuo. El error, a mi modo de ver, radica en entender que la persona se realiza más como tal persona en la medida en que disponga de más poder. Pero esto, dicho en términos absolutos, no es cierto; lo que construye a las personas no es el poder que reciben, que tienen o que conquistan, sino la autoridad que puedan ir acumulando a lo largo de la vida. Si se trata de educar, lo que hace bien no es dar poder al niño o al joven, sino rodearle de una autoridad ejercida con serenidad y seguridad, con cabeza y con mucho afecto, que todo ello es compatible.

No es lo mismo el poder que la autoridad. Los romanos distinguían con mucha claridad entre la *auctoritas* y la *potestas*. Lo ideal sería que se dieran juntos y que el poder estuviera en manos de quienes se han hecho acreedores a una autoridad reconocida. Pero eso se da solo en contadas ocasiones, siendo más frecuente que quienes tienen una autoridad bien ganada (auctoritas) no dispongan de poder (potestas), y quienes ostentan poder sean hombres y mujeres con escasa o ninguna autoridad.

El poder es la capacidad de entrar en la vida de los demás y decidir sobre ella, mientras que la autoridad, en su sentido más genuino, es la capacidad para hacer bien a los demás, para que puedan crecer como personas en todos los órdenes, para favorecer su desarrollo. El poder necesita de la coacción, la autoridad del prestigio; el poder no tiene por qué convencer, la autoridad convence por sí misma. Al poder se accede por diversos medios, se puede llegar de pronto y en muchas ocasiones sin mérito ninguno; la autoridad hay que ganársela día a día, con esfuerzo, con honradez, con bondad, con buen juicio, con la práctica de la virtud, con el bien hacer.

Nuestra sociedad no padece crisis de poder, pero sí de autoridad, largamente arrastrada; aquí hay muchas personas con grandes parcelas de poder y hay escasez de referentes de autoridad. No veo que necesitemos ser empoderados, sino respetados en nuestra dignidad y en nuestros derechos, tener expedito el campo de nuestro desarrollo personal y vocacional para poder hacer fructificar los propios talentos sin restricciones, y, cuando haga falta, ser ayudados y socorridos en las eventuales necesidades que puedan presentársenos a cada uno. Esto es algo que nos afecta a todos, pero especialmente a niños y jóvenes. Y en cuanto a los grupos más vulnerables, además de requerir lo mismo que los demás: respeto, reconocimiento, promoción personal y ayuda proporcionada, hay algo especialmente necesario, que es estar rodeados de un ambiente (familiar, escolar y social) sano y no competitivo.

Voy a decir más. Probablemente empoderar no sea exactamente lo mismo que ensoberbecer, pero yo los sitúo en un mismo continuo semántico porque los veo en un mismo camino, el de la altanería. Y esto ya me parece más peligroso. Bastaría con que hubiera riesgo de ensoberbecimiento como para tentarse las mientes antes de intentar empoderarse o empoderar a otros.

Ahora ya toca ir poniendo fin a estas reflexiones, y para hacerlo, recurriré al mejor ejemplo del cual podemos echar mano los cristianos: Jesucristo. Jesucristo, para llevar adelante la misión con que fue enviado al mundo, *«se despojó de su rango y tomó la condición de esclavo»* (Flp 2, 7) con lo cual hizo una renuncia expresa al ejercicio del poder en el sentido terreno del término, dejando su grandeza y majestad infinitas veladas a los ojos de sus contemporáneos. Es verdad que siempre que juzgó oportuno mostró y aplicó el poder de hacer signos y prodigios, expulsar demonios y manifestar un dominio perfecto de todas las circunstancias en las que se desenvolvió, pero rehusó expresamente todo tipo de poder político, económico o de influjo social. En cambio, a lo que nunca renunció fue a su autoridad, de la que fue muy celoso, la ejerció de diversas maneras y además la transmitió a sus apóstoles. Dicho en negativo: Jesucristo se desempoderó voluntariamente a sí mismo desde su nacimiento, pero no se desautorizó ni permitió ser desautorizado jamás.

Habrá quien piense que este es un ejemplo extremo. No exactamente. Sí es el ejemplo de quien *«amó hasta el extremo»* (Jn 13, 1), y bien caro que le costó, pero no para convertirse en una figura admirable y distante, fuera de nuestro alcance, sino lo contrario: *«Cristo sufrió por nosotros dejándonos ejemplo para que sigamos sus huellas»* (1 P 2, 21).

2. Amar y ser amados en relación con el matrimonio

He oído muchas veces —y doy por supuesto que tú también, lector— que todo hombre tiene necesidad de amar y ser amado. Lo he oído, y por mi oficio, he tenido que recurrir en numerosas ocasiones a este principio antropológico básico que encierra mucha verdad. Ahora bien, este principio, formulado así, sin hacer ninguna precisión, puede llevar a pensar que el hombre sufre esa doble necesidad en la misma medida; parece como si cada uno tuviéramos tanta sed de recibir el amor de los demás como de darlo nosotros. Y eso ya no es tan cierto. Que tenemos necesidad de sabernos amados, sí es verdad; que tenemos necesidad de amar, también lo es; que ambas necesidades se dan en igual proporción no lo es, y conviene explicarlo.

Ser amados y amar son las dos facetas del amor, siendo el amor la más necesaria, hermosa y profunda de las vivencias que nos es dado experimentar a los hombres por nuestra condición de personas. Por motivo de que ambas facetas pertenecen a la única vivencia del amor, no son realidades distintas, y además no son independientes, sino que están estrechamente relacionadas. Ahora bien, la común pertenencia al mismo fenómeno, el amor, no las convierte en equiparables, al contrario, hay entre ellas grandes diferencias. Entre otras posibles, podemos referirnos a las siguientes: a) son movimientos afectivos de signo contrario, b) pertenecen a distintas etapas madurativas de la persona, c) merecen distinta valoración moral, d) tienen efectos distintos.

Movimientos afectivos de signo contrario

Ser amado y amar son movimientos afectivos que vienen a corresponder con el amor a sí mismo y el amor a los demás. Y son contrarios porque ser amado es un movimiento desde fuera hacia dentro, mientras que amar va de dentro a fuera. Con la necesidad de ser amado, la persona se entiende a sí misma como el destinatario del amor, como receptor, con lo cual el sujeto se ubica en el centro de las atenciones ajenas. Se da en esta vivencia una paradoja que es fuente de muchos sinsabores y consiste en que la necesidad de ser amado se vive muy activamente (como todo lo relacionado con el amor), a menudo con fruición, pero en espera pasiva, esperando que otro dé y yo reciba. En este caso, la iniciativa amorosa no está en el sujeto sino en los otros, lo que significa que el amor no está asegurado. Lo único asegurado es la espera, y, si por cualquier circunstancia, esas atenciones esperadas no llegan, el resultado suele ser la frustración cuyas consecuencias son bien conocidas: tristeza, desencanto, decepción, etc.

Para evitar que los otros no se olviden de mí, para hacer notar que necesito ser atendido, el recurso es la llamada de atención, la provocación, entendida esta en su sentido más genuino: pro-voca-ción, llamada a favor de quien llama. ¡Eh, que estoy aquí!

Para quien siente la necesidad de amar ocurre lo contrario. El centro de las atenciones son los otros y quien debe prestárselas soy yo, con lo cual mis ojos (sin que tengan que olvidarse de mí mismo) no están pendientes en primer lugar de mí, sino de los reclamos ajenos. Si la necesidad de ser amado es una fuerza centrípeta, que hace que todo venga hacia mí y confluya en mí, la necesidad de amar actúa en sentido contrario, como una fuerza centrífuga, que me lleva a estar pendiente de los otros y a salir de mí para procurarles el bien que precisan. La necesidad de ser amado podría compararse con un ejercicio de succión, que aspira y atrae todo hacia la propia persona, mientras que la necesidad de amar se expresa justamente al revés, como movimiento expansivo, de salida, hacia afuera.

En otro momento nos detendremos en la distinta valoración moral que estas dos facetas merecen, pero conviene ahora remarcar que sería un error pensar que la necesidad de amar es digna de encomio mientras que la de ser amado es inaceptable. No son iguales, pero ninguna de las dos merece rechazo. La necesidad de ser amado es la manifestación primaria y primera, básica y fundamental del amor, que es la búsqueda del bien para uno mismo y que conocemos de ordinario con el nombre de amor propio. El amor, todo amor, con todo lo que conlleva, es siempre bueno (otra cosa es que a veces se ejerza mal, se exprese indebidamente, se confunda con lo que no lo es, se ponga donde no se debe, etc.), pero fuera de errores o distorsiones, todo amor es bueno. Sí es verdad que hay una gran diferencia en el grado de bondad del amor propio y el amor vertido hacia los demás, porque en este último hay generosidad y en el amor propio no, pero el amor a uno mismo no tiene por qué ser egoísmo. Puede confundirse con el egoísmo, ciertamente, porque puede estar contaminado de ambición, codicia o tóxicos similares. También es verdad que el amor propio puede derivar hacia el egoísmo con mucha facilidad y transformarse en egoísmo muy abultado, pero esos son los riesgos con los que habrá que andar vigilantes; lo que no procede es entender el amor propio como si fuera una falsificación del amor. A entender esta diferencia puede ayudar la consideración de sus contrarios: lo contrario del amor no es el amor propio, lo contrario del amor es el odio. Y el amor propio y el odio no son lo mismo. Por otra parte, lo contrario del egoísmo es la abnegación y la abnegación y el amor propio son perfectamente compatibles. El amor propio no solo no es contrario al amor de entrega, sino que es su base y fundamento. No en vano se nos ha resumido toda la conducta cristiana en amar a Dios sobre todas las cosas y al prójimo como a uno mismo.

Volveremos sobre el amor propio, pero por si acaso ahora quedara algún resquemor respecto de su bondad, acudamos al gran modelo y ejemplo que tenemos para todo: Jesucristo. Jesucristo predicó el amor con palabras y obras y por amor a Dios y al hombre, a todos los hombres, entregó su vida en la cruz. Jesucristo es el gran maestro del amor a Dios y a los demás. No se reservó nada, no fue indiferente ante ninguna persona y en él no hubo ni un solo ápice de odio o de egoísmo nunca, respecto de nada ni de nadie, pero no renunció al amor propio; al contrario, lo ejerció sapientísimamente hasta el último momento de su vida. Y de esto también nos dio ejemplo. Jesucristo fue maestro en todo y también de él podemos aprender a ejercer el amor propio correctamente y a integrarlo en el amor a Dios y a los demás. Hay multitud de pasajes en los que hace una defensa de sí mismo, especialmente en sus discusiones con los judíos, pero también ante el peligro evidente de Herodes, ante Pedro que le quiere aconsejar y prevenir, etc. Y momentos antes de la consumación de la traición de Judas, en el umbral mismo de la pasión, Cristo reza así al Padre: «*Padre, ha llegado la hora, glorifica a tu Hijo, para que tu Hijo te glorifique a ti (...) Y ahora, Padre, glorifícame junto a ti, con la gloria que yo tenía junto a ti antes que el mundo existiese*» (Jn 17, 1; 5).

Como última idea del artículo de hoy, vamos a completar nuestra reflexión sobre estas dos facetas, amar y ser amado, fijándonos en el ejemplo más excelso de amor humano con el que contamos, que es el del matrimonio. (De paso y solo como anotación, viene bien señalar que el mayor ejemplo de amor humano no es el amor madre-hijo, como muchas veces se oye. No me puedo detener en ello ahora, aunque al final se dirá algo).

El matrimonio es el estado de vida en que las dos facetas, amar y ser amado, no actúan por separado sino conjuntamente, complementándose. Esto es así porque el matrimonio no se fundamenta solo en un dar, ni solo en un recibir, sino en ambas cosas, siendo la primera el recibir. Un matrimonio en el que cualquiera de los esposos se disponga a amar solo recibiendo del otro, sin dar nada, entrará en crisis irremediablemente, porque esa postura, o es postura egoísta o está muy cercana con el egoísmo, el cual enfría el amor con el riesgo de apagarlo. Pero cuando ocurre al revés, el enfoque tampoco es correcto. Si cualquiera de los esposos no busca sino dar al otro, sin prestar atención a lo que recibe de él, esa relación tiene poco de conyugal, eso se parece más a la beneficencia. Valga un ejemplo. Un matrimonio es lo contrario de dos ríos en los que uno sea el río principal, caudaloso, y el otro un afluente secundario. En este ejemplo, el río principal se limita a recibir todo lo que proviene del afluente y sigue siendo río principal, mientras que el afluente entrega todas sus aguas y desaparece dejando de ser río.

¿Recibir y dar, qué? Evidentemente, todo lo que va implícito en las promesas matrimoniales: atención, cuidados, detalles, respeto, interés por el otro, etc. Todo esto es muy necesario y ojalá fuéramos cada vez más solícitos unos y otros, lo mismo los maridos que las mujeres, especialmente los primeros. Todo esto es cierto, pero aquí hay algo que no acaba de encajar con el término «necesidad», la de amar y ser amados. En cualquiera de esos valores que hemos citado no se ve con claridad que haya una necesidad grande que nos empuje a ellos. Tomemos como ejemplo uno bien importante, el respeto.

Por supuesto que uno siente el deseo de respetar y ser respetado, ahora bien, a ese deseo el término «necesidad» le queda muy grande. No parece que vivamos con fruición o con frenesí el deseo de respetar a otro, ni de ser respetados tampoco. Y lo dicho del respeto es aplicable de modo igual, o parecido, a los demás valores citados (atención, solicitud, detalles, etc .) y a tantos otros que deben estar presentes en la vida habitual de un matrimonio.

Tenemos, por tanto, que volver a preguntarnos: ¿recibir y dar, qué? Respuesta: todo lo que uno sea y tenga, siendo lo fundamental la propia persona. No es que sea lo único, porque también están las cosas, pero la propia persona es, con mucha diferencia, lo más importante. Ahora bien, una persona humana es un ser sexuado, con un cuerpo de carne y hueso, que por ser sexuado es cuerpo de varón o de mujer, en el que vive encarnado —y al que hace vivir— un espíritu inmaterial al que llamamos alma. ¿Qué puede dar y recibir alguien con cuerpo de varón, un hombre? ¿Qué puede dar y recibir alguien con cuerpo de hembra, una mujer? Tanto el uno como el otro pueden dar de lo que tienen y recibir algo de lo que carecen. Mejor aún, cada uno puede dar con natural facilidad de lo que le sobra y recibir de lo que le falta. Ahora sí aparece con claridad el concepto de necesidad. ¿Qué es eso que sobra y que falta? Lo que corresponde en cualquier varón, y lo que se espera de él, es que ande sobrado de masculinidad y falto de feminidad. Y exactamente lo mismo, pero en sentido opuesto, ocurre con la mujer, lo propio es que abunde en feminidad y ande escasa de masculinidad.

No se entiendan estos dos rasgos, masculinidad y feminidad, solamente en su sentido corporal y físico. Esa es la primera dimensión, y es de capital importancia, pero cualquier matrimonio puede corroborar que ni es la única ni es la de mayor peso. Así pues, masculinidad y feminidad en sentido físico, sí, pero también en el psicológico y afectivo; y si se me apura, también en sentido espiritual.

Permíteme, lector, un aporte muy luminoso que nos hace la filosofía. Platón explica que Eros (el amor erótico) es hijo de la unión de Poros (la abundancia) y Penía (la escasez). Aplicado a nuestra reflexión podríamos entender que el amor es el resultado de un equilibrio al que se llega partiendo de dos abundancias y dos necesidades complementarias y recíprocas, que cuando se satisfacen, cada una con la abundancia de la otra, vienen a formar una unidad singular dotada de una belleza única. Ya no estamos ante un río principal y su afluente, sino ante dos ríos iguales que confluyen uniendo sus aguas para formar una única corriente y un único río en el que no pueden distinguirse las aguas originales. Esto es lo que en términos bíblicos se denomina «una sola carne», que es un gran misterio.

Siendo esto así, resaltan con más claridad las diferencias del amor conyugal con el de madre-hijo. De este amor no podemos cantar sino sus excelencias, que son muchísimas, pero se mueve en otro plano. También aquí se unen abundancia y carencia, también se basa en un dar y en un recibir, pero este dar y este recibir no son recíprocos, ni pueden estar equilibrados. El dar corre desproporcionadamente a cargo de la madre y el recibir a favor del hijo.

Añadamos, por último, que, después de lo dicho, queda muy en relieve el inmenso error de la ideología de género que intenta borrar de raíz las diferencias hombre-mujer. Si forzando, la naturaleza, anulamos las diferencias entre masculinidad y feminidad, las necesidades derivadas de la complementariedad forzosamente se quedan sin cubrir. Podrán intentar paliarse por otras vías o con otras fórmulas distintas al matrimonio entre un hombre y una mujer, pero serán remedios extraños al diseño de Dios sobre la persona humana, resumido en una expresión tan breve, tan sencilla, tan directa y tan profunda como esta: *«hombre y mujer los creó»* (Gen 1, 27).

3. En relación con la adolescencia (I). Pasión por la verdad y humildad, camino imprescindible para educar

Desde un punto de vista educativo, conviene significar que el principio fundamental de toda educación está en contar con el amor propio del educando, sea niño, joven o adulto. Para cualquier educador será imprescindible entender que la construcción de la persona se asienta sobre el amor propio y no hay verdadera formación humana si el amor propio no está bien formado.

Probablemente esto se entenderá mejor si enfocamos la cuestión desde la autoestima. Sin amor propio no hay autoestima que valga y sin autoestima no hay posibilidad de llegar a tener personas maduras, hombres y mujeres hechos. Desde hace algunos años el concepto de autoestima se ha visto sometido a una inflación que no lo ha beneficiado; se habla de la autoestima a todas horas y casi por cualquier motivo. Cuando esto ocurre, no es extraño que desconfiemos del concepto y de la misma palabra, y acabemos dándole la espalda, aunque solo sea por cansancio. Yo observo ese peligro con la autoestima, pero hay que decir que es un concepto fundamental en todas las etapas de la vida, y que resulta decisivo en la adolescencia.

Pues bien, una buena autoestima se trabaja y se logra si se encauza y se va satisfaciendo día a día la necesidad de ser amado.

La cuestión más problemática con los adolescentes reside en el hecho muy frecuente de que no es fácil gestionar el amor al hijo adolescente. Al hijo que ya no es niño se le quiere tanto como cuando lo era, pero él no siempre está en condiciones de apreciarlo ni de recibirlo.

Ocurre que, dicho en general —quitemos tantas excepciones como haga falta—, los muchachos en esta edad tienen una enorme necesidad de ser queridos mientras que ellos no están en condiciones de volcarse con nadie (con nadie de la familia, porque con amigos o con los primeros amores, sí se vuelcan). Muchos padres confunden esto con el egoísmo, y no digo que no lo haya, pero no acaba de ser totalmente cierto. Hay que distinguir entre *egoísmo* y *egocentrismo*; el egoísmo hay que combatirlo en todo caso, el egocentrismo hay que canalizarlo. Cualquier adolescente, por el hecho de serlo, es egocéntrico; ahora bien, yo no me atrevería a decir que son egoístas. Yo sé por amplísima experiencia en el trato con ellos que, si se les sabe trabajar, derrochan generosidad. Otra cosa es que nos parezca que son egocéntricos en exceso. Eso sí puede ser. ¡Pero cómo no van a serlo! Es como si se objetara a un enfermo que es muy egocéntrico porque está reclamando atención permanente. Pues claro, y un tetrapléjico más egocéntrico todavía, pues su situación exige que le den todo hecho, sin poder dar ni hacer él nada por su parte. Ya le gustaría. Pero a nadie se le ocurriría tacharlos de egoístas. Esos mal llamados egoísmos no tienen carga de culpabilidad moral, al menos en su origen (pueden tenerla, porque también se puede ser egoísta culpable siendo adolescente, enfermo o tetrapléjico), pero entendamos las situaciones. ¿Cómo va a dar algo de sí quien no tiene nada que dar?, cuando uno está en un momento en que no se tiene ni se basta a sí mismo, ¿qué va a dar? En cambio, pídele a un muchacho un esfuerzo concreto para un momento concreto, hazle ver que le necesitas, ilusiónale con algo que merezca la pena: será difícil que te falle.

Cuando alguien se sabe querido, el mensaje que recibe es que él merece la pena. Verse uno a sí mismo como alguien que merece la pena tiene una importancia fundamental. Todo lo que se pueda trabajar en este campo es poco. Y no se piense que eso lo da la naturaleza, que no es verdad. Nuestra naturaleza, por sí sola, está muy herida, muy contaminada, y lo que da por sí misma son frutos contaminados, enfermos. El amor a uno mismo —igual que el amor a los demás— hay que trabajarlo, porque por sí solo no brota. Hay un porcentaje muy alto de muchachos que tienen un autoconcepto muy pobre, especialmente chicas que no se encuentran a gusto consigo mismas, no se gustan. Eso hay que evitarlo tanto como se pueda porque es malo, genera tristeza y les hace encarar la vida con un déficit muy grande. ¿Cómo se trabaja la autoestima? Trabajando los pilares en los que se apoya. Los pilares principales en los que se apoya la autoestima son estos tres que actúan en estrecha dependencia porque son complementarios: saberse querido, verse útil y tener expectativas positivas. Saberse querido sin condiciones, independientemente de capacidades o resultados; verse útil precisamente por la satisfacción que produce el ejercicio de las propias capacidades y la obtención de resultados fehacientes; y tener expectativas de futuro que alimenten sueños posibles porque en la adolescencia y en la juventud se vive más de futuro que de presente.

Para lo que ahora interesa, tratamos solo del primer pilar de la autoestima, el saberse querido. Esto vale para ambos sexos, chicos y chicas, pero especialmente para ellas porque en la psicología femenina se acentúa el gustar, el agradar. Pero no se entienda mal esta tendencia femenina, como si fuera una carencia; al contrario, es un tesoro psicológico, que si se educa bien, conduce a un fin precioso, que es desarrollar y poner en práctica una de las mejores cualidades femeninas que consiste en dulcificar la vida de los demás, en hacer agradable la existencia de los que dependen de una mujer.

Pues bien, nadie puede convencerse de que es capaz de agradar a los demás si no se gusta a sí mismo. En mis años de docencia he insistido en este punto una y otra vez, por activa y por pasiva, con mis alumnos de más y menos edad, y siempre que he tenido oportunidad, con sus padres. Un porcentaje altísimo de las dificultades que muestran las familias que tienen problemas con hijas adolescentes vienen de la falta de amor propio bien entendido. Si una adolescente tiene su amor propio bien equipado porque se ve querida por las personas de su entorno, sus padres, sus hermanos, sus parientes, sus amigos, no se dejará arrastrar por el afecto de cualquiera. Pero si esa necesidad de ser amados está sin cubrir, probablemente el primero que la satisfaga tendrá mucho terreno ganado en su corazón. Si una chica no se ve valiosa en su vida ordinaria porque no recibe los mensajes de afecto de quienes le deberían llegar, corre un alto riesgo de regalarse a cualquiera que se los ofrezca, al primero que le brinde una carantoña. El primero que le puede brindar una carantoña hasta hace algún tiempo solía ser otro muchacho. Eso no ha desparecido, suele seguir siendo un muchacho, pero el abanico de una chica hoy está abierto también a otras chicas o a adultos desaprensivos. No son tan infrecuentes los casos.

¿Quién le tiene que decir a una adolescente que su persona merece la pena? ¿Qué opiniones son las más importantes? La primera, la de los padres, pero muy especialmente la del padre. ¿Por qué la

del padre? Porque el padre, el varón adulto, si cumple bien con su
cometido, representa esos valores de los que hemos hablado en los
artículos dedicados a la paternidad: la autoridad, la firmeza, la objetividad, la serenidad, el rigor de la verdad, la claridad en el juicio,
la sensatez. La palabra del padre tiene un peso especial, sobre todo
cuando viene avalada por una conducta medianamente coherente
(cuanta mayor coherencia, mejor, pero tampoco deben desanimarse
los padres porque se vean faltos de ella). Cuando en la palabra de
un padre hay verdad y cuando habla sus palabras son ajustadas, no
cabe que esas palabras sean desoídas; el hijo podrá distanciarse de
ellas, podrá actuar en sentido contrario a lo que se le dice, oponerse,
criticarlas, etc., pero no las echará en saco roto, las guardará en la
mochila de su corazón y echará mano de ellas en muchas ocasiones.
La palabra del padre deja huella en el corazón, y con los años, suelen valorarse como una preciosa herencia guardada en la memoria.

Procede ahora fijarse con atención en un riesgo que comporta
la educación del amor propio. El riesgo está en que, en lugar de po-
tenciar el amor propio bien entendido, estemos abriendo la puerta
a su contrario, al egoísmo, que es el amor propio mal entendido, y
que suele adornarse con el engreimiento y la vanidad. ¿Hay que es-
timarse? Sí, pero no en más de lo que conviene, «moderadamente»,
dice san Pablo (Rom, 12, 3). Si a una niña le están diciendo en todo
momento todo lo buena, lo guapa y lo virtuosa que es, hay muchas
probabilidades de que se hinche como una pompa y en lugar de
desarrollar un sano amor propio, se crea que está por encima de los
demás y que todo el mundo debe rendirle pleitesía. Quienes hemos
nacido con el pecado original (que, menos la Virgen María y Jesucristo, somos todos) tenemos incorporado en nuestro interior una
especie de glándula psicológica tóxica que está segregando soberbia
de manera continua sobre nuestra alma y de la cual no hay modo
de desprenderse a no ser por la acción extraordinaria de la gracia.
Estrictamente hablando, esta fatalidad no es ontológica porque no
pertenece a nuestro ser, pero sí está en nosotros y nos acompañará
largos años, probablemente hasta la tumba. Yo creo que es bueno

que seamos conscientes de este polizón del alma que se instala como compañía imperdible. Es bueno saber que está ahí y es bueno contar con sus secreciones en nosotros mismos y en los demás, y, sobre todo para no caer en ingenuidad y no llamarnos a engaño cuando unos u otros nos dejemos seducir por ella. A veces oímos decir de tal o cual persona que es soberbia o muy soberbia. Cuando este comentario se produce —supongámosle cierto—, lo que en realidad se está diciendo es que tal persona supera la media (que ya es bastante alta) en un rasgo que nos afecta a todos. Este es uno de los retos más complicados para quien tiene que educar: afianzar en el amor propio, cuidarlo y fomentarlo, al tiempo que se cierra el paso o se lucha contra la soberbia. ¿Cómo se lucha contra la soberbia? La respuesta es bien conocida: contra la soberbia se lucha desde dos frentes, que en realidad son uno solo, pero en la práctica conviene distinguirlos: el primero es educando en el amor a la verdad, más aún, en la pasión por la verdad. El segundo frente es el de la humildad. La soberbia solo puede combatirse con y desde la humildad.

Pasión por la verdad y humildad. No hay otro camino para educar.

4. En relación con la adolescencia (II). Siete pistas educativas

«La soberbia solo puede combatirse con y desde la humildad. Pasión por la verdad y humildad. No hay otro camino para educar». Con estas afirmaciones cerrábamos el artículo anterior y con ellas quiero comenzar el presente para dar continuidad al tema que nos ocupa en relación con la educación en la adolescencia.

Saber cuál es el camino es del todo necesario, pero el hecho de saberlo no disuelve el reto educativo. Este reto comienza con un problema que tiene su dificultad y su miga porque a la hora de educar, hay que trabajar la humildad, pero sin humillar. Hay que enseñar a comer comiendo, mientras se come; hay que enseñar a nadar nadando, practicando la natación; a jugar al tenis, igual, raqueta en mano, etc., pero no se puede enseñar a ser humilde humillando. El fin no justifica los medios y la humillación a los demás nos está vedada en todos los casos. Si alguien preguntara ¿en qué casos está justificada la humillación ajena?, la respuesta es en ninguno. Por esto digo que la pregunta tiene su miga: ¿cómo se educa en la humildad sin humillar a nadie? Esto es todo un arte que requiere de mucho tacto y de mucha pericia y que, en general, no siempre acertamos a manejar, entre otras cosas porque los modelos de los cuales podríamos aprender son escasos.

Desde aquí proponemos siete pistas o sugerencias que creo que nos pueden ayudar en ese camino y que, si Dios quiere, iremos desarrollando en artículos posteriores. Hablamos hoy de las dos primeras.

1. Educar en el gusto por la verdad.
2. No impedir las humillaciones recibidas sin ser buscadas.
3. Educar con mensajes y refuerzos positivos.
4. Educar en el respeto a los demás.
5. Las actividades en grupo. Hacer cosas. La necesidad de actividad.
6. Educar en grandes ideales.
7. El buen humor.

Educar en el gusto por la verdad

Educar en el gusto por la verdad es la primera piedra de estos cimientos para un educación sólida de los que estamos tratando a lo largo de este libro. Gusto por la verdad, y si se puede pasar del gusto a la pasión, mejor aún. La pasión por la verdad es una de las pasiones que hacen que la vida humana pueda ser vivida con entusiasmo, aunque también hay que decir que ninguna pasión es un absoluto, ni siquiera esta; la única pasión absoluta (si es que se puede hablar de pasión en este caso) es el amor a Dios. La verdad hay que buscarla siempre y nos interesa siempre, pero, precisamente porque no es un absoluto, esta búsqueda también tiene sus límites. El campo en el que la verdad puede ser encontrada es amplísimo (tanto como lo sea el campo de la realidad) pero hay que saber que en ese campo hay parcelas que están acotadas. Valgan, como muestra, un par de ejemplos. Uno muy fácil de entender: no se debe perseguir la verdad a la que no tengamos derecho. Otro que presenta más dificultades: en lo que se refiere a las relaciones personales, no vale cualquier verdad, ni de cualquier modo; la verdad debe darse en la caridad. *«Veritas in caritate»*, que dice san Pablo. Es de experiencia común que, si no está impregnada de caridad, la verdad desnuda puede hacer mucho daño.

Volviendo a la relación con la educación en la humildad, la verdad que más nos interesa es la que sitúa a cada uno no en la verdad abstracta, sino en la verdad de sí mismo. Puesto que la identidad personal es un conglomerado multidimensional y demasiado amplio, conocer la verdad de sí mismo no es nada fácil. De hecho, es una empresa que nos lleva la vida entera. Quedémonos ahora solo con un dato. Conocer la verdad de sí mismo, comporta, además de otros requisitos, tener claro cuáles son las exigencias propias del papel que nos toca desempeñar. En la vida nos va tocando ejercer diversos papeles, muchas veces simultáneos. Hay épocas de la vida en las que nos movemos en muy pocos ámbitos, pero hay otras en las que podemos ser al mismo tiempo varias cosas. Podemos ser esposos y padres, profesionales y amigos, padres e hijos, maestros y discípulos, subordinados y jefes, etc. Cada persona, siendo una y teniendo (debiendo tener) como ideal de vida la unidad consigo misma, a la vez se encuentra en la necesidad de relacionarse de diversos modos según las funciones que son específicas del rol que desempeña en cada momento. Por una parte, hay que tener la suficiente coherencia interna como para salvar en todo momento algo que debe ser intocable: la unidad de vida; por otra, nos resulta imprescindible tener la cintura suficiente como para adaptarnos a los diversos ambientes de los cuales formamos parte por necesidad.

La unidad de vida puede compararse con el ADN de la personalidad, un conjunto de datos inalterables y permanentes, por los cuales cada uno es él mismo y siempre el mismo. En cuanto a la necesidad de adaptación a los diversos roles y contextos que nos va tocando vivir, la educación juega su gran papel socializador. Hoy tendemos a borrar los contornos de los distintos papeles, pero eso no favorece el aprendizaje de la verdad que nos corresponde. El rasero igualitario que no diferencia entre las funciones de los distintos roles no nos ayuda a crecer ni a situarnos en la verdad de nosotros mismos. Hay que saber qué es propio e impropio de un padre en cuanto padre, de un hijo en cuanto hijo, de un amigo, de un jefe, de un subordinado, etc.

No impedir las humillaciones no buscadas

Insisto en la imperiosa necesidad de no humillar positivamente nunca, pero no se deben impedir las posibles humillaciones que al niño o al joven le sobrevengan por su conducta. Puede parecer que digo una cosa y su contraria, pero no hay tal. Hay lecciones de humildad que vienen solas, sin ser buscadas por nadie, y son extraordinariamente benéficas. Por ejemplo, cuando uno fracasa por sus errores, por sus malas acciones, por no seguir los avisos de quien le ayuda, etc. Cuando uno recibe el salario de sus actos, está experimentando varias cosas, algunas de las cuales son incontestables. Entre otras posibles, están las siguientes: una, que los actos tienen consecuencias; dos, el valor de la justicia vivido en primera persona; tres, el valor de la libertad; cuatro, aprender a asumir los aciertos y los errores propios, y en el caso de los errores, sin posibilidad de cargar a otro con el peso de los mismos, etc.

Cuando el hijo o el alumno se encuentra ante un fracaso personal importante, fruto de su actuar equivocado, puede darse en el adulto (especialmente en las madres) una reacción sobreprotectora debida a un concepto del cariño meramente sensible y/o a un desmedido miedo al sufrimiento que todo fracaso comporta. Cuando esto se da, es fácil que el adulto, movido por una falsa compasión, desvíe la responsabilidad del hijo buscando culpables imaginarios, con la sana intención de descargar al niño o al joven de la amargura de su fracaso o del peso de su responsabilidad. ¿Qué hacer ante un fracaso de los hijos? Hay que proceder con mucho tacto, mostrarse muy cercanos y muy comprensivos, echar una mano en lo que haga falta, ayudarles a levantarse si acaso han caído, pero, precisamente por amor a la verdad, no engañarlos diciendo que la caída no ha sido caída, o que la culpa es de otros.

Ejemplo típico de esta situación, que se repite con mucha frecuencia, son los suspensos en las notas. Aquí hay dos extremos igual de perniciosos que conviene evitar. Uno es el que se viene comentando, la laxitud, el no dar ninguna importancia al hecho de haber suspendido, o bien hacer responsables a los profesores, a los compañeros o al colegio en su conjunto. El otro extremo está en el rigor desmesurado. Hoy es menos frecuente, pero se sigue dando. Los suspensos no justifican la humillación, sea ejercida con palabras de reproche, sea con gestos de castigo. En ningún caso es aconsejable aprovechar los suspensos para descalificar y humillar a los muchachos. A veces nos encontramos con padres y profesores que se ven tentados de tomarse el desquite y despacharse a gusto con una buena regañina, como si ese fuese su momento esperado y justiciero para pasar factura de todos los consejos que el estudiante ha ignorado durante el trimestre o el curso entero. Probablemente no les falte razón, pero tener razón en ese caso sirve de muy poco. Echar en cara los fracasos, por más razón que se tenga, solo sirve para alimentar la tensión y meter aspereza en las relaciones. Toda humillación deja a quien la recibe con el corazón herido y hay heridas que tardan en curar, otras que curan mal y otras que no curan jamás.

¿Entonces, qué?, ¿nos cruzamos de brazos ante el mal hacer de los hijos o alumnos?, ¿no damos importancia a la falta de trabajo, a la irresponsabilidad o a la dejación? Tampoco decimos eso. «In medio virtus». La virtud está en el término medio. Pero en ningún caso humillamos. La humildad es una virtud, la humillación una fuente de heridas. Se puede y se debe ser exigentes, pero sin humillar. Al menos los creyentes, podríamos echar mano de la fe, que para algo la tenemos. La fe no es luz para encenderla dentro de la iglesia y apagarla luego a la salida; la fe es luz para la vida en todos sus aspectos, para todo lo que se nos vaya presentando. Y la fe, en relación con esto que venimos comentando, nos vendría muy bien para ver cómo actúa Dios con cada uno de nosotros, cómo nos va guiando en medio de un sin fin de tropiezos y errores, por no hablar ahora de pecados, que también.

De cómo actúa Dios con nosotros solo podemos hablar por aproximación y a tientas, lo cual no excluye la certidumbre que nos da la fe y gracias a la cual, aunque sea de manera muy pobre, algo sí podemos decir. No es difícil entender que Dios no humilla a sus hijos. Dios, nuestro buen padre, no nos hunde, pero no nos evita las humillaciones benéficas. Quizá no lo entendamos bien, pero hay humillaciones que son absolutamente necesarias. Entre estas están las debidas a nuestros errores, sobre todo cuando estos son voluntarios. Dios nos deja caer en ellos muchas veces, o en nuestros pecados libremente consentidos, y nos pone frente a ellos sin acusarnos, pero no nos ahorra sus consecuencias (al menos no nos ahorra todas las consecuencias, que muchas también). Dios no nos pasa la factura de nuestros extravíos, pero esa factura no siempre la paga él. Nos evita los grandes peligros de nuestras caídas, pero no los sufrimientos ni las magulladuras. Los actos tienen consecuencias y es bueno experimentarlo, por más que sea duro para quien lo sufre. Dicho a modo de síntesis: Dios nos hace crecer en humildad sin hundirnos y no solo sin hundirnos, sino levantándonos cuando nos reconocemos caídos.

De esta manera no anula nuestro amor propio, sino que lo reconduce, lo descontamina y lo hace madurar, porque eso nos hace bien. El amor propio maduro, el que está libre de orgullo, de altanería, de egoísmo, de narcisismo, de egolatría, etc., es imprescindible para nuestra salud psicológica y espiritual y es imprescindible para amar a los demás porque solamente podremos amar a los demás si el amor propio está bien ajustado. De aquí el mandamiento dado desde muy antiguo: «*Amarás a tu prójimo como a ti mismo*» (Lev 19, 18).

5. En relación con la adolescencia (III).
Mensajes y refuerzos positivos

En el artículo anterior se proponían siete sugerencias para educar en la humildad sin humillar. En ese mismo artículo se trató de las dos primeras: educar en el gusto por la verdad y aprovechar las humillaciones no buscadas. Continuamos en este camino con la siguiente sugerencia: educar con mensajes y refuerzos positivos.

Educar con mensajes y refuerzos positivos

Estamos ante una constante educativa, un principio fundamental, básico y permanente, válido en todas las edades. Los mensajes que el niño o el joven debe recibir sobre su persona han de ser siempre positivos. (La norma vale también para los adultos) ¿Cómo se concilia esto con la corrección de errores? No es difícil: distinguiendo a la persona de sus actos. Para ello hay que romper una dinámica que surge de manera espontánea y que consiste en hacer coincidir a la persona con sus obras. El adolescente no tiene por qué saber diferenciar esos dos planos (plano del ser y plano del hacer), pero el adulto sí y además le corresponde llevarlo a la práctica. En páginas atrás se ha tratado del valor del inmenso valor de las obras. No procede ahora volver sobre lo dicho, pero sí es del máximo interés insistir en diferenciar a la persona de lo que hace. La persona, por serlo, nunca es merecedora de condena, por más que puedan serlo sus actos, que si lo son, habrá que decirlo y hacérselo ver para que se corrija, pero siendo muy cuidadosos en evitar que la reprobación de las acciones se proyecte sobre la persona. Insisto en que esto, sirviendo para todas las edades, es especialmente importante en la adolescencia. ¿Cómo se enseña esto? Por vía de experiencia, haciéndole ver y sentir al adolescente que su persona es valorada y querida, aún más querida que valorada. Para esto, claro, hay que tener los ojos más puestos en los muchachos que en lo que hacen, y hay que amarlos mucho, pero no con un amor cualquiera, sino con amor oblativo, de servicio a la verdad y a la persona del adolescente. Y esto vale tanto si eres su padre como si eres su maestro, aunque se trate de amores bien distintos, pero quede constancia de la necesidad y el valor del amor docente.

¿Qué nos queda? Animarnos y animar. Animar siempre, que es la única manera de sacar adelante a niños y jóvenes. Trabajar y esperar con mucha esperanza, tirando de ellos adelante. Siempre adelante. Te propongo, lector, un lema que es muy sencillo y muy edificante, más aún, santo, porque está tomado de la Sagrada Escritura: «*¡Ánimo, sé valiente!*» (Jos 1, 6). Si acaso te animas a consultarlo, verás que en el verso siguiente, el autor sagrado vuelve a la carga: «*tú ten mucho ánimo y sé valiente*» (Jos 1, 7). Pues bien, esto hay que llevarlo a la educación, que es una labor que guarda un gran paralelismo con la conquista de la tierra prometida: «tú ten mucho ánimo y sé valiente». En educación no hay lugar para el desánimo ni para tirar la toalla nunca; ocurra lo que ocurra, caigan tus hijos o tus alumnos en lo que sea y tantas veces como caigan. La persona de deshecho no existe. Toda persona es obra de Dios y Dios no crea seres inútiles. Dios crea seres libres que somos auténticas joyas, y que luego, sin dejar de serlo, al tiempo, se equivocan y se tuercen, pero no hay nadie tan desarrapado que no tenga posibilidades de enmienda y de recuperación.

Cuando caigamos en desánimo, cuando cojamos uno de esos baches en los que parece que nos vamos a quedar para siempre, el recuerdo de un pensamiento nos hará bien. El pensamiento es este: las cosas no se miden por su principio sino por su final. Es algo tan evidente que lo podemos tomar como axioma, y sirve lo mismo para las mediciones físicas (medir la longitud de algo con una cinta métrica, por ejemplo) que para valorar cualquier proceso que exige maduración, y que requiere, por tanto, tiempo y espera. La cosecha, sea del tipo que sea, está siempre al final; no se sabe de ninguna empresa valiosa en esta vida que comience con la recogida de sus frutos. Los ejemplos son abundantísimos. Me limito a dos, el primero amargo, tomado de un hecho real bien triste; el segundo, de signo contrario, satisfactorio.

De cuando en cuando salta la noticia de agresiones físicas violentas en matrimonios de personas muy mayores, metidos ya en la senectud, el último tramo de la vida. Cabe pensar que hayan tenido sus años de relativa felicidad, tal vez hayan disfrutado de temporadas de convivencia al menos llevadera, tal vez el primer traspié llegó siendo ya bien mayores, pero no supieron enderezar el rumbo, tal vez... Da igual. Sean los que sean los recovecos por los que haya discurrido su vida, si al final se ha impuesto la distancia y todo acaba mal, ese matrimonio es un rotundo fracaso, por más que hubieran podido vivir una juventud de vino y rosas.

El ejemplo contrario es el de quien se ha pasado la vida dando tumbos, el que durante tiempo y tiempo ha ido de mal en peor, pero ha sabido aprovechar un momento de gracia, que siempre llega, y ha reconducido su vida, enganchándose, quizá, a la última oportunidad de enmienda. Hay un caso típico del cual los educadores maduros podríamos poner muchos ejemplos: el del mal estudiante que, a trancas y barrancas, con repeticiones y mil fatigas, acaba sus estudios y después aprueba una oposición. Todos los disgustos intermedios han sido reales, los malos tragos han existido de verdad, pero todos ellos han quedado acallados con el éxito del final hasta el punto de desvanecerlos. Para abundar y confirmar esta segunda situación está el santoral. En él encontramos los ejemplos más variados y chocantes de estos finales felices. Hay una lista interminable, empezando por san Dimas, el buen ladrón conocido de todos. Conversos de media mañana o del final de la tarde. Da igual. Según voy redactando estas líneas me viene a la memoria un santo holandés del siglo XVI, san Andrés Wouters, sacerdote, cuya vida está muy lejos de ser recomendada y menos aún imitada casi hasta el último momento. ¿Y acabó bien? ¡Acabó canonizado! Vuelvo a la idea primera: el final es lo que cuenta, el final es lo que da la única medida que vale, la de verdad, la definitiva, y conviene hacer notar que si esta es la definitiva, lo es porque esa medida última es la que nos define, la medida que en términos bíblicos nos hace merecedores de un nombre nuevo.

Si yo tuviera que dar una palabra de ayuda a padres y/o maestros, si tuviera que resumir en una frase un consejo, diría esto: no te rindas. No desfallezcas. Me parece importante siempre y con todos, pero con adolescentes, más todavía. El adolescente tiene una enorme necesidad de ser confirmado en sus iniciativas y sobre todo en sus aciertos. Apláudeselos sin salirte de la verdad. ¿Sabes cuál ha sido el secreto de los grandes guías de la juventud de todas las épocas?, ¿sabes cuál es ese «no-se-qué» que han tenido los líderes que han arrastrado a los jóvenes? Que han creído en ellos y se lo han hecho ver siendo amorosamente exigentes con ellos, que han sembrado sus corazones de expectativas posibles sin engañarlos. Cárgate de realismo, pero no dejes de creer tú, padre o maestro, en los que tienes encomendados. Y házselo experimentar. Los jóvenes están hechos para volar (y en otro sentido los adultos también, lo que pasa es que nos falta fe y no nos lo creemos). La cabeza no está diseñada para estar pegada a la tierra, ni siquiera para estar focalizada en el suelo; los pies sí, porque son plantares y es bueno que pisen en firme y nos den estabilidad, pero la cabeza está hecha para las alturas, para que podamos, incluso físicamente, vivir lanzados hacia adelante. Del mismo modo que un pez está hecho para desenvolverse en el agua, nuestra cabeza está hecha para que toda nuestra persona tienda hacia adelante, para ir de frente, para mirar el mundo desde nuestra mayor altura. El hombre, todo hombre, es un *ser proyectivo*, que le gustaba decir a Julián Marías, el único ser de este mundo con un alma que vive y se alimenta de proyectos. Pues bien, ningún proyecto tiene su recorrido hacia atrás.

Déjales volar; mejor aún, si puedes, enséñales tú a volar. A lo mejor se equivocan, pero no les impidas el vuelo a no ser que veas que se estrellan. Tú, padre o madre de un adolescente, ¿qué quieres?, ¿que actúe como si tuviera el bagaje que tienes tú? ¿Qué esperas?, ¿que eche mano de una experiencia que aún no existe? Está dando sus primeros pasos por su cuenta y no siempre tiene luz para verse. Está bien que controles sus movimientos para evitar peligros que él no ve, pero fuera de eso, déjale que se equivoque; basta con que no peque. No es poco si no peca. En ese campo sí tendríamos que ser más celosos, y hablarles con claridad, cosa que los adultos no hacemos en tantas y tantas ocasiones; a veces por inexplicable dejación, a veces por vergüenza, a veces por falta de autoridad moral.

Ya toca terminar. Antes de echar el cierre a este artículo he releído, como suelo hacer, lo que he escrito. Y al hacerlo se me ocurre que tal vez a algún lector se le pueda presentar la siguiente objeción. Quizá a alguien le pueda parecer que he andado algo falto de realismo cuando en los dos párrafos anteriores, tirando por lo alto, he dicho que estamos hechos para volar y que hay que enseñar a volar a los muchachos. Si así fuera, me reafirmo en lo dicho y añado que no me he dejado llevar de ninguna ensoñación. No necesitaría el testimonio de nadie porque estoy convencido de lo que digo y porque después de toda una vida dedicada a la educación, tengo experiencia sobrada de que lo que digo es así, pero me viene muy bien la autoridad que me ofrecen dos maestros de nuestro tiempo, ambos sacerdotes. El primero, un santo de altar (en este caso, de vida eminente y ejemplar), san Josemaría Escrivá de Balaguer. En el punto 7 de *Camino*, su obra más famosa, siempre recomendable, dice así: «*No vueles como un ave de corral cuando puedes subir como las águilas*».

El otro, el P. Jaime Fernández Montero, un gran pedagogo fallecido hace unos años, el cual, en una obra titulada *La educación de los hijos*, dirigiéndose a los padres de familia, dejó escrito lo siguiente: «*Nuestro espíritu está hambriento de luz, necesita conocer la verdad. Necesita sentirse atraído por los valores nobles, por grandes ideales, por lo bueno, lo justo, lo hermoso. Naturalmente estamos hechos para volar alto, como águilas, pero muchas veces adquirimos el complejo de gallinas*».

6. En relación con la adolescencia (IV). La cuestión del respeto

Educar en el respeto a los demás

El respeto a los demás es un apartado de un capítulo mayor que es el respeto en general y que abarca todo aquello con lo que podemos relacionarnos de cuanto existe. Respeto, en primer lugar, a Dios y a su nombre santo. En segundo lugar, a uno mismo y a todos y cada uno de los semejantes. En tercer lugar, a las cosas, al resto de los seres vivos e inertes, a la creación entera, y a todas las hechuras de nuestras manos: objetos sagrados y profanos, bienes para el uso privado y público, utensilios y artefactos de todo tipo, herramientas de trabajo y útiles de estudio, de diversión, de adorno, obras de arte y de artesanía...

En un primer momento, y para ir con cierto orden, empezaremos con el respeto a Dios. Digamos muy de paso y sin pararnos en explicaciones que nos distraigan, que el respeto a Dios incluye el respeto a su santo nombre, ya que el nombre de Dios no es una palabra como podría ser otra cualquiera. Cada uno de nosotros tenemos un nombre, pero podríamos haber tenido otro que habría servido para llamarnos del mismo modo que sirve el que tenemos. Pero en Dios no es así. A Dios no podríamos llamarle por otro nombre porque no tiene otro. En Dios, su nombre coincide con su ser y la pronunciación de su nombre es la pronunciación de su ser. Podemos emplear diversas expresiones que acentúen algún aspecto de este ser único; podemos referirnos a él como Padre, Creador, Señor, Sumo Bien, etc., pero todas estas expresiones no son sino variantes de un único nombre: Dios. Si el ser de Dios coincide con su nombre, el respeto a Dios y el respeto a su santo nombre no son dos cosas distintas, sino la misma y única cosa.

Para la persona de fe, el respeto a Dios no es comparable a ninguna otra modalidad de respeto. Podría pensarse que a Dios le debemos el mismo tipo de respeto que se debe a otra persona humana, pero más grande, ya que por ser Dios más grande merece un respeto mayor. Eso es cierto, pero el respeto a Dios no discurre por ese cauce. No es cuestión de cantidad, sino que hablamos de respetos cualitativamente distintos. Tan distintos, que el respeto a Dios no es solo respeto. A Dios le debemos una reverencia única, exclusiva para él, en la que se hacen presentes «*el honor y el respeto, mezclados de temor amoroso*» (Catecismo de la Iglesia católica, punto 2116), que implica la «*sumisión absoluta*» (2097) y que en la práctica se traduce en el hecho de la adoración. Esto ya es otra cosa. Respeto, sí, claro, pero más que respeto.

Todo esto, si no se enseña, no se sabe. Y hay que enseñarlo. Ha habido que enseñarlo siempre y hay que enseñarlo hoy haciendo especial énfasis en el salto infinito entre la criatura y el creador, que es cosa bastante olvidada. Acabo de utilizar esa cita del Catecismo en la que aparece la palabra «sumisión» con toda intención porque en los tiempos que corren, el viento no sopla a favor de la sumisión del hombre a Dios. ¿Sumisión? A muchos la sola palabra les produce ronchas en el alma. Hay un rechazo generalizado a la idea de sumisión, ni siquiera a Dios. Dios, el gran ausente del actual imaginario colectivo, socialmente ha sido despojado de todo protagonismo. La atmósfera ideológica actual (no me refiero a las ideologías políticas, sino a las ideas socialmente dominantes, a los criterios de pensamiento generalizados) hace prácticamente imposible que Dios sea reconocido como quien es. La sumisión a Dios ha sido sustituida por la autosuficiencia del individuo y su endiosamiento, y, en consecuencia, el culto de sí mismo, la autolatría. Desde la publicidad a la filosofía, pasando por la educación, los mensajes se repiten en el mismo sentido: tú eres lo único importante, tú eres el centro de todo, y los demás, si acaso existen, están en función tuya. Nadie te puede decir lo que tienes que hacer, nadie te puede contradecir, a nadie debes obedecer, con nada te debes aguantar. Este mensaje único, machacón, omnipresente, nos guste o no, es el que está bombardeando día y noche las cabezas de nuestros niños y jóvenes (y de los adultos también). En medio de este panorama, ¿qué respeto ni qué respeto?: ¿a quién?, ¿por qué?, ¿porque lo dice quién?

El respeto a Dios, que nace de ese «temor amoroso» del que habla el Catecismo, es la fuente donde nacen todos los demás respetos. Cuando este no existe, o cuando falla, no hay humus racional para que enraícen ninguna de las demás variantes del respeto, ni para convencer a nadie de su necesidad. El respeto no es la indiferencia, ni consiste en vivir al lado de los hombres y de las cosas sin hacerles daño; evidentemente, el respeto comporta no hacer ningún daño, pero el respeto va más allá. El respeto es la consideración y estima con que se mira y se trata a personas y objetos porque se reconoce en ellos una dignidad y un valor inherentes a su ser, una dignidad y un valor que tienen por ser lo que son. Hay diversas causas que dan lugar al respeto, pero el respeto primero, el original, el que le debemos a algo o a alguien, viene dado por el reconocimiento de la bondad de su existencia. El concepto y el sentimiento de respeto van unidos, necesariamente, al concepto de bien; allá donde hay un bien, ese bien, por serlo, exige una mirada y un trato concorde con su bondad y dignidad intrínsecas.

No es, por tanto, solamente, ausencia de desprecio, sino estimativa, mirada cargada de reconocimiento y admiración. Puede ocurrir que respetemos a las cosas y a las personas por necesidad, por interés, por bondad natural, etc.; puede que acatemos leyes o mandatos por miedo al más fuerte, por coacción, por educación, para evitar problemas... pero si alguien nos pregunta por qué hay que conducirse por la vida con respeto, y no respondemos desde la perspectiva del bien, las respuestas que demos serán débiles e inconsistentes. En cambio, desde esta perspectiva del bien objetivo, el deber de respetar se entiende con mucha facilidad. Por una parte, porque allá donde haya un bien objetivo, real, hay fuente de respeto, pero sobre todo porque en medio de la variedad interminable de bienes, hay uno, el sumo bien, Dios, que es fuente y origen de todos los demás. Si esto lo aceptamos, al menos como principio, aun cuando no seamos personas especialmente religiosas, entonces no tendremos dificultad en entender que cualquier falta de respeto es una agresión contra el bien. Y como todo bien procede de Dios, el respeto a Dios no es un tipo de respeto más, sino el respeto basilar de todos los demás, el porqué último que justifica hacer el bien y evitar el mal.

Cuando Dios no está en el horizonte mental de las personas, no hay manera de fundamentar con fuerza lógica el rechazo del mal (podríamos justificarlo por sus consecuencias, pero estas no siempre son patentes, ni están a la vista de todos, ni tienen por qué estarlo). «Si Dios no existe todo está permitido», escribió Dostoievski. Casi siempre que he oído comentar esta famosa sentencia me he quedado insatisfecho con las explicaciones porque estas suelen centrarse en argumentos morales, que son válidos pero tangenciales, en el fondo poco convincentes. A mi juicio, la mayor riqueza de este pensamiento está en entender que si Dios no existiera, no habría bien posible y en un mundo sin bien, no cabría norma alguna, y el respeto quedaría sin sentido, sería un absurdo.

Creo que conviene recordar que estamos dando pautas para educar en la humildad. En la entrega anterior se insistió especialmente en la necesidad de lanzar siempre a los muchachos mensajes positivos, cargados de esperanza, ilusionantes, pero eso no puede confundirse con hacerles creerse lo que no son, superiores a los demás, como si cada uno fuera el mayor bien posible para sí mismo. No lo es, ni para sí mismo ni para nadie, incluidos sus padres. Aquí hay que hacer una llamada a las madres porque a menudo nos encontramos con madres que anteponen al hijo a todo lo demás. Cuando eso ocurre, las piezas del puzle del amor no están bien colocadas, y, en ese caso procede someter el corazón a una buena revisión. El hijo es un bien incalculable para toda madre, tanto que merece dedicarle la vida sin regatear los esfuerzos necesarios, pero no es el mayor. Cada persona es un bien inmenso, claro que sí, y mucho mayor de lo que solemos imaginar, pero cada uno es un bien, en medio de una infinidad de bienes, de los cuales el mayor, a distancia infinita de todos los demás, es el sumo bien, por el cual existimos nosotros y todo lo creado. No se puede educar en la humildad sin educar en el respeto, pero este tiene que empezar por el respeto a Dios, Creador y Padre, Uno y Trino, y desde ahí, tirando del hilo, seguir de manera jerárquica, a todos y a todo aquello que encierre bien.

En un segundo momento, el niño debe aprender a respetar a sus padres. Después del respeto a Dios, está el respeto a quienes para un niño o un adolescente ocupan el lugar de Dios. Los padres son «vicarios de Dios Padre» para el hijo. No es este un modo de hablar más o menos logrado, sino que se corresponde exactamente con la realidad de las relaciones paternofiliales. Los padres son vicarios de

Dios porque su paternidad no es solo una imagen o un signo, sino una participación directa de la paternidad de Dios. Aquí tiene su fuente la autoridad de los padres. Los padres son vicarios de Dios para con sus hijos porque, en orden a su educación, les ha sido dada la misma autoridad de Dios. ¡La misma, no otra de rango menor! Y derivada de ella, les son encomendadas funciones vicarias; es decir, son ejecutores, y, por tanto, responsables, de llevar adelante lo mejor que puedan, los designios de Dios para cada hijo. Precisamente por eso, porque son vicarios de Dios Padre, mientras que el hijo viva bajo su cuidado y tutela, la autoridad de los padres es para cada hijo, la mayor autoridad existente en este mundo.

Quizá puedan parecer demasiado idealizadas estas palabras que acabo de escribir, un tanto alejadas de la realidad. Si para algún lector fuera así, he de decir que no me lo invento. Las formas y los modos de expresión sí son míos, pero el contenido de lo que digo no me pertenece. Valgan como prueba estas palabras de san Juan Pablo II, tomadas de la exhortación *Familiaris consortio*:

> Para los padres cristianos la misión educativa, basada como se ha dicho en su participación en la obra creadora de Dios, tiene una fuente nueva y específica en el sacramento del matrimonio, que los consagra a la educación propiamente cristiana de los hijos, es decir, los llama a participar de la misma autoridad y del mismo amor de Dios Padre y de Cristo Pastor, así como del amor materno de la Iglesia. (...)
>
> Tal es la grandeza y el esplendor del ministerio educativo de los padres cristianos, que santo Tomás no duda en compararlo con el ministerio de los sacerdotes: «Algunos propagan y conservan la vida espiritual con un ministerio únicamente espiritual: es la tarea del sacramento del orden; otros hacen esto respecto de la vida a la vez corporal y espiritual, y esto se realiza con el sacramento del matrimonio, en el que el hombre y la mujer se unen para engendrar la prole y educarla en el culto a Dios». (Familiaris consortio, 38).

¡Qué lejos queda esta doctrina y qué lejos estos planteamientos de la situación concreta de tantas familias desorientadas! Cuántos padres perdidos, sin autoridad ninguna, sufriendo lo que no está escrito a causa de hijos con los que no saben qué hacer ni cómo conducir. Cuántos hijos que llegan a la emancipación sin haber conjugado jamás un solo tiempo del verbo respetar. Lo escribo doliéndome de lo que escribo porque —aunque el sufrimiento forme parte de la vida— no hemos nacido para sufrir de esta manera. Como cristiano sé que el objetivo de la vida no es ir sorteando el sufrimiento tratando de escapar de él a toda costa, pero hay que distinguir entre dos clases de sufrimiento, el evitable y el inevitable. El inevitable limpia y pule, y si se sabe aprovechar, es utilísimo, ya que es vía de perfección tanto psicológica como espiritual; el evitable, en cambio, si no se le reconduce a tiempo, hunde y destroza porque amarga el alma. El sufrimiento inevitable, si es inocente, debe ser aceptado; el evitable, combatido, sobre todo si es sufrimiento culpable. Este sufrimiento oscuro y demoledor es el que están atravesando un sinnúmero de familias, padres e hijos, y sobre el cual nos sobran datos estadísticos: abusos, violencia, denuncias en ambos sentidos, de hijos a padres y viceversa, renuncias de paternidad, etc.

Gracias a Dios, no todo es oscuridad. También hay familias muy sanas, que, contra viento y marea, están haciendo lo que Dios manda. Si son muchas o pocas, ahora no es lo que más importa. Lo que importa es que tenemos fuentes de donde tomar ideas y, en caso necesario, lugares donde acudir. Y para quien quiera ver, aún tenemos muchos ejemplos preciosos a donde mirar.

7. En relación con la adolescencia (V). El amor a sí mismo empieza por el cuerpo

El respeto a sí mismo

Tras el respeto a Dios y a los padres, vamos a tratar del respeto a uno mismo, cuestión bien importante en toda edad, pero especialmente en esta de la adolescencia en la cual estamos poniendo el foco. Puede parecer que el respeto a uno mismo debe venir dado por el normal desenvolvimiento de la persona, pero no es cierto. El hombre es el único ser vivo de este mundo que tiene que apren-

derlo todo; incluso para las acciones que no necesitamos aprender porque ya nos las proporcionan los instintos (huir del peligro,
buscar alimento, relacionarnos con los semejantes, etc.), también
necesitamos de educación y aprendizaje. No en cuanto a la realización de esas acciones, pero sí en el modo de llevarlas a cabo. Uno
no necesita aprender que tiene que comer porque ya le informa el
hambre, pero sí debe aprender cómo comer; no necesita aprender
a enamorarse porque el enamoramiento viene solo, pero sí cómo
conducirse cuando se enamora. Y así con todo, y, por tanto, también
a respetarse a sí mismo.

Vendrá bien recordar que estamos desarrollando una serie de
artículos bajo el título común de «Amar y ser amados». Nos vamos a quedar ahora solo con la segunda parte, «ser amados». Es
de experiencia común que todos necesitamos y a todos nos gusta
sabernos amados. Esto resulta tan fácil de decir y de entender como
complicado de vivir, al menos en ciertos casos. ¿De qué depende que
alguien se sepa querido? De dos cosas: de que a quien corresponda
amar, le ame, y de que él lo experimente.

Fuera de excepciones patológicas, el amor de los padres se da
por supuesto. Pero no basta con que exista, el hijo tiene que sentir-
lo, tiene que experimentarlo, tiene que percibirlo con toda claridad
por los ojos, por los oídos y por la piel. El amor en casa ha de ser un
amor sensible, no vale que sea amor real pero oculto, tiene que entrar en la persona por esas «ventanas del alma» que son los sentidos.
Cuando el hijo sale de casa, debe salir con todas sus necesidades
cubiertas, y dentro del capítulo de necesidades, una vez cubiertas
las físicas (alimentación, vestido, techo, higiene, salud), las afectivas
son las más importantes.

En este punto hay que recordar algo en lo que ya se ha insistido
y es en la importancia del papel que juega el padre, el varón. A los
hijos no solo les viene bien, es que les hace falta saber que sus padres
los quieren y ver que se interesan por ellos movidos precisamente
por ese amor. Esto vale igual para niños y niñas, pero tiene un ses-

go especial en el caso de las chicas. Unos y otras necesitan saberse queridos, pero en ellas la necesidad tiene rasgos peculiares. Para que una niña crezca psicológicamente entera, sana y llegue a ser la mujer que está llamada a ser, necesita que su padre la ame... ¡respetándola! Necesita ser querida por su padre con amor de padre: amor viril, protector, exigente, fuerte y muy cariñoso; y todo esto al mismo tiempo. Si sus padres aman a sus hijos como deben (insisto en el valor particular del amor paterno), estos asumirán día a día, con toda naturalidad, sin ningún esfuerzo y sin necesidad de explicaciones, que sus personas tienen un valor muy alto, tanto como para merecer el cuidado y las atenciones de sus padres. Entonces, y solo entonces, adquirirán conciencia de su propia dignidad, y el respeto a sí mismos vendrá dado. Si luego, durante el proceso de crecimiento, hay algún error o alguna desviación que corregir, se corregirán también con toda naturalidad.

Ahora bien, si esa necesidad de ser amados no está cubierta en casa, lo propio es que se busque cubrir fuera, pero sin ser amado uno no puede salir adelante en la vida. Buscarlo fuera se traduce en llamadas permanentes de atención, provocando que los demás vengan a dar respuesta. Si se entienden bien, estas llamadas de atención son llamadas de socorro. ¡Eh, que estoy aquí y necesito que alguien me quiera! Cuando esta situación se da, el problema está servido. Rectifico, porque he dicho problema, y no será uno, sino una cascada de situaciones problemáticas. Primero, porque no hay sustitutos para el amor los padres. Si este no existiera, o si existiendo, no se hubiera sabido hacer llegar al hijo, a este solo le quedan sucedáneos. Y como el amor de los padres (padre y madre) es único y exclusivo, esa falta tienden a compensarla no con uno solo, sino con muchos amores parciales, a ver si entre todos juntos logran llenar el hueco dejado por los padres. Y así viene a ocurrir que en las adolescencias deficitarias de amor familiar, los muchachos multiplican los amigos y se suceden, uno tras otro, los enamoramientos. O bien, la persona se bloquea y se encierra en sí misma, sin relación firme con nadie.

Cabe esperar que a este problema original vengan a añadírsele otros colaterales: hábitos no saludables, falta de rendimiento académico y problemas de conducta en general.

Otro punto muy importante a tener en cuenta está en lo que se refiere al cuerpo. En la misma conciencia de la propia dignidad está también la conciencia del valor del propio cuerpo. No son dos «conciencias» distintas, sino dos aspectos de la misma conciencia de sí. Del mismo modo que no podemos tener una imagen de nosotros mismos sin la imagen física que aporta el cuerpo, tampoco podemos ser conscientes de nuestra dignidad al margen de nuestro propio cuerpo. Esto es así porque todo lo que vivimos los seres humanos, sea lo que sea, lo hacemos corporalmente, es decir, con y en el cuerpo. Con lo dicho anteriormente sería suficiente, ahora bien, por la importancia que tiene el hecho de amar y ser amados y su relación con el respeto, no está de más que dediquemos algunas líneas a decir alguna cosa sobre el respeto al cuerpo.

El respeto a sí mismo se ejerce y se experimenta en primer lugar como respeto al propio cuerpo. Cuatro son los apartados que merecen atención con relación al cuerpo: la integridad, el cuidado corporal, el pudor y la sexualidad. El criterio para entender de todos ellos es el siguiente: el cuerpo no es una «cosa», no es un objeto; el cuerpo es material, ciertamente, pero no es un objeto material más. El cuerpo es simplemente materia y nada más que materia solo cuando está muerto, y aun en ese caso se hace digno de un tratamiento y un respeto muy elevado. Pero un cuerpo vivo es mucho más que la materia de que está formado. Ese mucho más consiste en ser la parte visible de la persona que es más que su cuerpo. La parte visible, que junto a la invisible, que es el espíritu, forma una unidad que solo puede romper la muerte. Esa unidad irrompible obliga a tener en cuenta que el cuerpo no es un sujeto distinto de la persona, de tal modo que todo lo que acontezca en el cuerpo, acontece en la persona entera, y viceversa: todo lo que acontezca en la persona tiene su correlato en el cuerpo.

Parecería innecesario advertir de la necesidad de guardar la integridad del cuerpo o de darle un trato adecuado, porque podría darse por supuesto que eso lo hace todo el mundo de manera espontánea, pero no es cierto. Por ejemplo: no se respeta el propio cuerpo cuando se ve en él un estorbo para una belleza imaginaria que solo está en las redes sociales y demás medios de comunicación, y se le respeta menos aún, cuando se le obliga a que se ajuste a unas medidas y a unos patrones, impuestos por esos mismos medios, con esfuerzos que rayan en la tortura. Es sabido cómo afecta este problema a un número muy elevado de chicas adolescentes.

Tampoco se le respeta cuando, buscando el mismo objetivo de la perfección física, se le hace objeto de exhibición, de mercadeo o de mero placer, cuando se le utiliza como reclamo o como mero medio para lograr otras metas (amor, imagen, posición, dinero, etc.). En este punto es necesario referirse al pudor, acerca del cual está a la vista la constatación de que socialmente no vive sus mejores momentos. Basta con revisar los ámbitos en los que el pudor se expresa: el lenguaje, el vestido y la sexualidad, y observar cómo hablamos, cómo vestimos y qué tratamiento damos a las cuestiones relacionadas con la sexualidad.

Ya sé que hay una cuota de relativismo en las costumbres y en los modos de hablar, de vestir y de tratar la sexualidad que se debe a cada época y a cada cultura, y que necesariamente hay que aceptar. Pero hoy el problema no es ese, porque no es que estemos pagando nuestra cuota de relativismo cultural, sino que estamos en unos niveles de falta de pudor muy altos. ¿Vivimos en medio de una impudicia generalizada? No se me ocurre afirmarlo porque creo que son muchas las personas que viven pudorosamente y educan como viven. No estamos en Sodoma, pero nos estamos acercando a grandes zancadas pues no son pocos los ambientes impregnados de procacidad y que además se jactan de ello: programas de radio y de televisión, páginas web y redes sociales, publicidad, películas, conciertos, juegos... Todo ello sin entrar en el sórdido mundo de la pornografía, que, por otra parte, es galopante y que arroja números que deberían constituir una verdadera alarma social.

No procede entrar ahora detenidamente en la educación del pudor, que es un tema muy amplio. Me limitaré, por tanto, a decir algo relacionado con la adolescencia que es lo que ahora nos ocupa.

A raíz de cierta toma de postura política por parte de un dirigente bien conocido se ha ido extendiendo entre nosotros una frase que ya ha hecho fortuna: «No es no». Recurro a ella porque me viene justo a la medida para este asunto que estoy tratando. Eso es exactamente lo que hay que decir de manera taxativa a muchos chicos y sobre todo chicas jóvenes cuando hablan o visten de manera indecorosa: «No es no». Lo acojan o lo rechacen, lo entiendan o no lo entiendan, protesten o no protesten. En este punto hay que volver a dirigirse especialmente a los varones, a los que son esposos y/o padres de familia. El modo de hablar, de vestir y de tratar la sexualidad no es cosa ajena a sus competencias de padre y esposo; al revés, también les pertenece, les toca de lleno, y más de una vez habrá que decir lo mismo: «No es no». Con los chicos poniendo el acento quizá más en el lenguaje, con las chicas quizá más en el vestido.

8. En relación con la adolescencia (VI). El valor del nombre

El respeto por los demás

En este recorrido que estamos haciendo por el respeto, corresponde ahora hablar del respeto por los demás. El respeto al otro abarca muchas facetas, pero comienza por el respeto al nombre. La ocasión es propicia para decir algo sobre los nombres personales. Por eso dedicaremos la primera parte del artículo a ofrecer unas cuantas ideas acerca del nombre, para terminar con alguna aplicación a la adolescencia.

En mi opinión, esta cuestión del nombre no está siendo tenida en cuenta como merece, goza de escaso aprecio y por ello puede parecer secundaria y lejana. Visto el poco cuidado con que nos movemos en este campo de los nombres personales, entiendo que quizás haya escaso conocimiento acerca del significado y de la importancia que el nombre tiene. Por eso no está de más empezar preguntándonos por el valor del nombre. ¿Qué valor es ese? A esta pregunta responde el Catecismo de la Iglesia con una afirmación que tal vez pueda resultar sorprendente: «*El nombre de todo hombre es sagrado*» (del punto 2158).

El nombre no es una etiqueta que se puede poner y quitar a discreción, según las necesidades de uso del producto que la lleva, ya que ninguna persona es un producto (de lo que sea). No somos una hechura, no hemos sido elaborados en modo alguno: no somos una manufactura producida en serie tras un complejo proceso de fabricación, ni un objeto de artesanía, hechos a mano, ni en el caso de las fecundaciones artificiales, el niño resultante es un producto de laboratorio. Y es que no hemos sido hechos, sino creados, que no es lo mismo. Más aún, aunque en el lenguaje habitual empleamos el término reproducción, pero hablando con rigor, los seres humanos no nos reproducimos, sino que procreamos. Reproducir y procrear tampoco son verbos equivalentes. Toda reproducción es un calco (por ejemplo, una fotocopia) y en el caso de las personas, ninguna somos el calco de otra, ni siquiera de los padres. Tampoco son un calco uno de otro los gemelos univitelinos, más aún, tampoco lo serían dos personas cuyos cuerpos pudieran ser clonados, porque en ese supuesto lo que podrían ser clonados serían los cuerpos, pero no las almas; el espíritu humano no admite clonación. Poseemos una singularidad radical, prístina, que nos hace ser únicos, exclusivamente exclusivos, valga la repetición. En palabras de un filósofo personalista del siglo XX, Martin Buber (judío y austríaco por más señas), «*cada hombre tiene el deber de saber... que no ha habido nunca nadie igual a él en el mundo, ya que si hubiera habido otro como él no habría sido necesario que naciese*». A un ser así, poseedor de un espíritu inmortal, no se le puede numerar ni etiquetar, sino dar un nombre que corresponda con su altísima dignidad personal. El valor del nombre está en línea y en relación al valor de la persona porque «*el nombre es la imagen de la persona*», continúa diciendo el Catecismo en el mismo punto.

Desde la muerte del que fue jefe de Estado, el general Francisco Franco, hemos asistido en España a sucesivas campañas de desnombramiento de muchas de nuestras calles y plazas, lo cual, al menos desde el punto de vista histórico, es un dislate. Las exigencias técnicas (epistemológicas) de la Historia como ciencia de los hechos pasados, deberían obligar a ser extremadamente cuidadosos para no borrar las huellas del tiempo, sean estas las que sean. ¿Cómo se justifica esta obstinación por quitar nombres?, (porque el objetivo no es sustituir, sino borrar). Aparte de motivaciones políticas, bien conocidas, esta obsesión contra los nombres es una confesión pública de que el nombre no es algo indiferente, sino que encierra una carga espiritual muy alta: el nombre es la síntesis de lo que la persona es, incluyendo en esa síntesis, todas sus obras. Esta manía persecutoria contra los nombres no es la única prueba del valor del nombre, pero sí es una prueba consistente para demostrar el valor que encierra. Si el nombre fuera solo una etiqueta, las demás causas no llegarían a justificar estas campañas. Pero ocurre que el nombre, por ser «imagen de la persona», la trae al presente, la actualiza con todo su peso biográfico, ideológico y espiritual para quien quiera acercarse a conocerla, y si es hombre o mujer de nombradía, con toda su herencia. Y aun cuando parezca que el pasado no mueve el presente, el peso de la Historia hace sentir su fuerza en el ahora, independientemente de que las personas hayan desaparecido de este mundo hace tiempo.

Así pues, el valor el nombre está en que es imagen de la persona y cosa sagrada, según acabamos de ver. Porque «es sagrado», con el nombre no se puede juguetear, pues con lo sagrado no se juega ni se juguetea. Y por la misma razón no se puede frivolizar con él, ni puede ser objeto de burla o desprecio, al contrario, «exige respeto en señal de la dignidad del que lo lleva», acaba diciendo el Catecismo en el punto que estamos siguiendo.

Demos un paso más y vayamos a los usos y costumbres habituales en torno al nombre. ¿Qué postura tomamos ante apócopes, diminutivos, sobrenombres y apodos? Varios son los aspectos que hay que tener en cuenta y no siempre son fáciles de compaginar. El primero ya se ha dicho, es el respeto. Por eso, en principio, sobran los apodos. El apodo no es una variante del nombre propio, como pueda serlo un diminutivo, sino un sustituto cuyo origen suele ser no personal y, por tanto, menos digno que el nombre. ¿Y si el apodado lo acepta o prefiere el apodo al nombre? En ese caso depende de cuál sea el apodo y del ámbito en que se use. Aquí aparece un hecho ligado al nombre que es muy relevante, sobre el que también hay que decir algo, y es el siguiente: el nombre es propiedad de quien lo lleva y por eso es personal, pero no es de dominio privado, sino público.

El nombre, como el rostro, sin dejar de ser personal (personalísimo), no pertenece al ámbito íntimo de la persona sino a su exterioridad. Es como la fachada de una casa. La fachada pertenece al dueño de la casa entera, pero si la fachada da directamente a la calle, la vista de la fachada no es posesión exclusiva del dueño, sino a todo al que pueda verla, y no solo verla, sino tomar imágenes: grabaciones, fotografías, dibujos, etc. El nombre no es solo para la autoidentificación del que lo lleva, sino para ser usado por los demás. Sobre el nombre tiene derecho de propiedad su portador y derecho de uso cualquiera que lo conozca, lo cual significa que hay que conjugar dos cosas: el gusto individual del afectado y el recto uso por parte de todos los demás. Eso quiere decir que, si por una parte toda persona tiene derecho a pedir que se le llame por su nombre, o por el término que guste, por otra conviene no violentar a los demás exigiendo el uso de apelativos que pueden incomodar más al usuario que a su portador.

Muy próximo al apodo está el sobrenombre. Lo dicho del primero sirve también para el segundo, pues el sobrenombre, sin ser lo mismo que el apodo, en muchas ocasiones se utiliza como si lo fuera. El sobrenombre es un añadido al nombre y la mayor diferencia con el apodo está en que este sustituye al nombre mientras que el sobrenombre lo acompaña.

Menos problemas presentan los apócopes y diminutivos, cuya razón suele ser afectiva y su origen la familia, los amigos y compañeros. Con todo, hay que decir que hay apócopes y apócopes y, aunque solo sea por razones de sonoridad, no todos merecen la misma consideración. Y lo mismo puede decirse de los diminutivos ya que hay algunos que a duras penas resisten el decoro que corresponde a un nombre de persona. Ocurre que no siempre tenemos el cuidado suficiente a la hora de elegir estos apelativos, dándose el caso no raro de que algunos sirven indistintamente para personas y para animales, sin posibilidad alguna de distinguirlos.

En otro punto del Catecismo, distinto del citado, el nº 2479, la Iglesia reconoce y enseña, que *«cada uno posee un derecho natural al honor de su nombre»*, para lo cual hace falta que haya nombre, un nombre con la materialidad suficiente como para soportar el peso de algo tan digno y elevado como es el honor.

Seamos serios. Si toda persona merece un respeto —y merece mucho—, empecemos por respetar los nombres y todo lo que atañe a los nombres, que no es poco. No digo que haya que desterrar los criterios de gusto y moda, pero a la hora de elegir nombre, ni son los únicos ni son los más importantes. El criterio de la moda es evanescente por necesidad, ya que los nombres de moda duran poquísimo. Por otra parte, no son nada singulares, pues se repiten mucho, y, por lo mismo padecen gran desgaste. Si además son nombres que se eligen solo por su sonoridad, sin cuidar su contenido, a la persona que se lo ponemos le estamos haciendo el regalo de una caja vacía.

Al elegir un nombre hay que sacarle partido en bien del que lo va a llevar. Volvemos, ya por última vez, al Catecismo. En el punto 2165 la Iglesia hace esta recomendación: *«los padres, los padrinos y el párroco deben procurar que se dé un nombre cristiano al que es bautizado. El patrocinio de un santo ofrece un modelo de caridad y asegura su intercesión»*. No es lo mismo poner a un hijo, con toda intención, bajo el patronazgo de un gran santo —todos los santos son grandes— que privarle de esta ayuda, que por otra parte es absolutamente gratuita. No es lo mismo usar el nombre de Jesús o de la Virgen María, directamente o bajo cualquiera de sus casi infinitas advocaciones, que marcarle a uno para toda la vida con un nombre inane.

Todo este conjunto de ideas sobre el nombre que acabamos de ver de la mano de la Iglesia, tiene especial aplicación en la adolescencia, etapa en la que son frecuentes las dificultades de identidad. Por ser el nombre la expresión gráfica y sonora de la identidad de la persona, las dificultades, crisis o problemas de identidad tienen su reflejo en el nombre. Con el uso que los adultos hacemos del nombre del adolescente, le estamos enviando los dos primeros y fundamentales mensajes: el primero está en si lo usamos (o usamos un sustituto), el segundo en cómo lo usamos. A mí el uso de diminutivos no me parece lo más aconsejable, al menos por parte de los adultos cuando tenemos que dirigirnos a los niños y adolescentes, pero esta es una opinión particular mía, y, por tanto, cargada de subjetividad. Reconozco que con un adolescente, en momentos puntuales o en situaciones muy concretas, un diminutivo cariñoso puede hacer bien, por la carga afectiva con que se use, pero habrá que sopesar despacio los pros y los contras según la persona, la relación con ella y las circunstancias del contexto.

En esta serie de artículos estamos desgranando diversos aspectos de un tema muy amplio: amar y ser amados. Ahora llega el momento de relacionar el nombre con el amor. Al hacerlo resulta muy sencillo caer en la cuenta de que el amor a alguien empieza con el amor al nombre (y el rechazo también) y lo mismo ocurre con ser amados. Si las palabras son sinceras y están dichas con verdad, un indicio muy fiable por el que sabemos si somos amados es comprobar cómo somos nombrados. No estamos, por tanto, ante una cuestión menor porque el amor no es asunto menor.

En mi opinión, deberíamos ser muchísimo más cuidadosos con estas cosas que pareciendo que tienen poca importancia, resulta que sí la tienen. Ya sé que no es comparable una falta, como puede ser una palabra ofensiva, con el uso de una apócope, pero quienes tenemos que educar, no educamos solo para no herir, ni siquiera para que los muchachos sean respetuosos, sino delicados. La educación que corresponde a un hijo de Dios no puede satisfacerse con la medianía, ni con dejar a la persona en un estado más o menos presentable. A la educación de un hijo de Dios no le vale la suficiencia, hemos de buscar el esmero porque el objetivo no es el hombre aseado, que pueda salir del paso, sino el sabio, entendiendo por sabio y por sabiduría los conceptos que nos proporciona la Sagrada Escritura. De las muchas alusiones que encontramos en los textos sagrados acerca de la sabiduría, me ha parecido oportuno tomar esta que tiene relación con el tema que estamos tratando. Dice así: *«la sabiduría se revela en la palabra, y la educación en la forma de hablar»* (Eclo 4, 24).

9. En relación con la adolescencia (VII). La necesidad de la actividad

La necesidad de actividad

Siguiendo el guion expuesto en el artículo «En relación con la adolescencia (II). Siete pistas educativas», hoy toca hablar de un punto amplio que quedó enunciado así: «Las actividades en grupo. Hacer cosas. La necesidad de actividad».

Como es fácil de ver, se plantean dos puntos importantes: uno, la actividad, y dos, la necesidad de que la actividad se lleve a cabo en grupo.

Acerca de la actividad lo primero que hay que decir es que es ambivalente; por una parte, presenta una cara muy valiosa según la cual la actividad resulta fundamental en la educación y en la vida; por otra, puede inducir a confundir el verdadero objetivo de la vida personal que no está en hacer, sino en ser.

Vamos con la primera cara, la positiva. La actividad es fundamental en la educación por varias razones. Señalamos cuatro:

1. Es fundamental porque la actividad es el mejor medio para ejercitar todas nuestras capacidades. No se sabe de ninguna capacidad, sea intelectual, física, artística, o de relación social, que no se desarrolle con su ejercicio.

2. Es fundamental porque la actividad es el mejor medio para rectificar. Repetir lo mismo, cuando no ha salido bien, introduciendo enmiendas suele ser una forma eficaz para mejorar.

3. Es fundamental porque la actividad es muy motivadora. Pocas cosas disponen mejor el ánimo de los muchachos para aprender que cualquier cosa en la que tengan que participar activamente.

4. Y es fundamental, en cuarto lugar, por su fuerza de asimilación. Nada queda tan grabado como aquello que se hace, aquello de lo que se tiene experiencia adquirida por el mayor número de sentidos.

Como ejemplo de la cantidad de ventajas que tiene la actividad en la educación, tenemos el método de talleres, que es algo muy consolidado desde hace ya muchos años.

Al tiempo hay que decir que los programas basados en una gran actividad no son la panacea que resuelve todos los problemas de la educación (para los males educativos no hay panaceas) y no todos los aprendizajes pueden adquirirse de una manera dinámica, ni todo se presta al método de talleres. Pero no es esto lo que ahora interesa. De lo que ahora se trata es de hacer ver la importancia que tiene la actividad en la adolescencia, que es mucha. Hasta aquí he reducido mis reflexiones a la actividad educativa propia del colegio, pero la actividad es igualmente necesaria para la vida no académica. El adolescente, igual que el niño, vive una etapa en la que gastar energías es una verdadera necesidad física, para el buen desarrollo de su cuerpo, y es también una necesidad psíquica para el desarrollo de sus capacidades mentales. Responder a esa necesidad no es tarea exclusiva del colegio, es tarea para la vida académica y extraacadémica.

En este punto se hace preciso hablar del juego, porque el juego es junto con los aprendizajes del currículo escolar, la actividad idónea para ese desarrollo. Ahora bien, la pregunta salta sola: ¿juegan nuestros adolescentes? Digo más, ¿lo hacen los niños? Si la respuesta es sí, hay que seguir preguntándose: ¿cuándo?, ¿a qué juegan?, ¿con quién? Para un niño el juego es obligación primera, para un adolescente, una más entre sus obligaciones.

No ignoro la problemática actual con la que se encuentran nuestros muchachos: horarios poco racionales, horarios apretados en las familias, dificultades laborales de todo tipo, dificultades para ser atendidos por los adultos, actividades escolares y extraescolares ilimitadas... Todo esto es verdad, pero no podemos dejar esas preguntas sin contestar: ¿juegan?, ¿cuándo?, ¿a qué?, ¿con quién?

Es muy probable que el adolescente medio se quedara muy extrañado si se le hacen estas preguntas. Si así fuera, hay que ayudarle a que pueda responder. Primero, haciéndole saber que la adolescencia sí es edad para jugar, y que no está dicho en ningún sitio que el juego sea cosa exclusiva de la infancia (otra cosa es que haya que pasar a juegos adecuados a la edad porque ya no sirven los mismos que en la niñez). Y luego haciéndole ver que el tiempo libre no puede ser consumido por el móvil. El móvil es enemigo del juego y no vale decir que también con él se puede jugar. No. Los juegos con el móvil no pasan de la categoría de juegos estáticos, como pueden ser los juegos de mesa, que también son válidos, pero para momentos en los que no hay más remedio. Con el móvil, aparte de otros riesgos bien conocidos, lo que sí se hace es emborrachar la mente y los ojos de imágenes y sonidos, cuya fatiga hace disminuir notablemente la capacidad de atención. Con el móvil hay muchos adolescentes que se ven metidos en mil aprietos por las cosas que se dicen y se comparten. Con el móvil no se trabajan las articulaciones ni la musculatura, ni se ejercita ningún tipo de coordinación más allá de los dedos y los ojos. Con el móvil no se suda, y, por lo mismo, no se queman calorías, aunque haya aplicaciones para el ejercicio físico.

Bendita actividad que tanto bien nos hace. Actividad para jugar especialmente en la infancia y en la adolescencia, y si se puede extender a la juventud, hagamos un esfuerzo para extenderla, que también lo admite. Actividad para luchar y trabajar en la vida adulta. Y actividad, por fin, para estudiar y aprender siempre, en cualquier edad.

Ahora, sin desdecirnos de lo dicho, vamos a dar un giro radical y vamos a contemplar la actividad en su parte menos benéfica, como un elemento perturbador que puede nublar y entorpecer el verdadero fin de la vida humana.

Imaginemos un supuesto. Si nos pusieran delante estas dos afirmaciones: a) lo más importante de tu vida está en lo que eres y b) lo más importante de tu vida está en lo que haces, y nos pidieran elegir en cuál de las dos hay más verdad, tengo la convicción de que la mayoría elegiríamos la primera sin vacilar y sin necesidad de pensarlo mucho.

Ahora bien, creo igualmente que esa convicción se queda en plano teórico. Que es más importante lo que uno es que lo que uno hace, sí, pero que ese planteamiento sea el que informe la realidad de nuestro día a día... eso, permíteme lector, que lo ponga en duda. ¿De dónde nace la duda? De que, a poca atención que pusiera cualquier observador externo en nuestros usos y costumbres, alguien que estudiara nuestra vida ordinaria y viera cómo nos desenvolvemos, tendría que decir que los hombres somos un tipo de seres que vivimos muy acelerados, muy ocupados en hacer cosas. Hacer, hacer, hacer. Al menos los hombres de esta época y de esta parte del mundo.

Lo diría si viera el ritmo frenético al que sometemos a nuestros niños. Lo diría si analizara despacio el día de cualquier español medio, hombre o mujer. Lo diría si se fijara en cómo tenemos planteada la vida de las personas mayores, a las que socialmente estamos empujando a una vida de movimiento continuo, que les impide verse a sí mismas dentro de su verdad, justo en la etapa de la vida en la que más falta les hace. Y lo diría, más convencido aún, si oyera los lamentos de muchos de estos mayores para quienes la vida se ha quedado sin sentido porque ya no pueden «hacer» nada.

Tengo por cierto que sabemos que lo más importante está en nuestro propio ser, pero ¿nos lo creemos de verdad?

Llegados a este punto, hay que ver la manera de resolver la contradicción en la que nos hemos metido. Por una parte, hemos dicho que la actividad es absolutamente necesaria y ahora, por otra, parece como si fuera un estorbo. ¿En qué quedamos?

Para salir de este atolladero tenemos que mirarnos y vernos como lo que somos. ¿Qué somos? De las múltiples respuestas, la que ahora interesa es esta: somos criaturas, seres creados, pero criaturas personales, es decir creados a imagen del Creador. Eso somos: imágenes de Dios. Imágenes imperfectas, pero imágenes. Si somos imágenes, lo propio de una imagen es que se parezca al original y no solo que se parezca, sino que será más acabada cuanto más se le parezca. Para entendernos adecuadamente como imágenes de Dios, hay que mirar a Dios. ¿Y quién es Dios? Para responder a esta pregunta contamos con la inmensa ventaja de saber que es él quien responde: «*Yo soy el que soy*», dice Él de sí mismo en Ex 3, 14. Dios es el-que-es, no es el-que-hace. Dicho más brevemente: Dios es. Dios no hace, Dios es. ¿Y qué más? Nada más. Dios es. Si acaso, podemos continuar diciendo que «*Dios es amor*» (1ª Jn 4, 8). Y nosotros, precisamente porque somos imágenes, estamos llamados a lo mismo, a poder decir algún día: mi vida no consiste en hacer nada, sino en ser.

Ahora puede parecer que el hacer ha saltado por los aires hecho añicos. No, sigue siendo válido, pero hay que mirarlo desde la perspectiva del ser, o mejor todavía, desde la perspectiva del ser que es amor.

10. En relación con la adolescencia (y VIII). Los grandes ideales y el buen humor

Este es el último artículo de una serie de ocho dedicados a amar y ser amados en la adolescencia. De los puntos que nos propusimos en su día, quedan por tratar dos: los grandes ideales y el buen humor.

Los grandes ideales

Si alguien se tomara el trabajo de rastrear las páginas anteriores, analizarlas y señalar las principales ideas de su contenido, comprobaría fácilmente que una de esas ideas es un empeño repetido en manifestar el valor de la persona humana, el ensalzamiento del ser personal. Citas de la palabra de Dios, argumentos de autoridad, reflexiones personales, razonamientos... todo nos ha parecido poco para insistir una y otra vez en la altísima dignidad que tenemos cada ser humano por el hecho de ser seres personles.

No sé si hago un juicio apresurado, pero estoy convencido de que en la cultura actual, de manera generalizada, excepciones aparte, no acabamos de valorar lo que significa ser persona humana y tampoco, menos aún, el ser bautizados. No es que lo ignoremos del todo, pero nos quedamos muy cortos a la hora de calibrar la inmensa riqueza que encierra ser persona y todavía más el ser hijos de Dios. Y por este motivo no podemos llegar a ser quienes estamos llamados a ser, pues en el hombre se da la paradoja de que necesita saber lo que es para serlo. Fíjate, lector, que los animales no tienen esa necesidad. Un águila (valga como ejemplo) no necesita saber en qué consiste ser águila para vivir de acuerdo con su naturaleza aguileña, pero un hombre sí. Si no sabemos en qué consiste ser persona, no podemos vivir como lo que somos. Y si esa conciencia no está profundamente arraigada en los que tenemos que educar, no veremos la urgencia de tenerlo como ideal para nosotros, con lo cual no podemos planteárselo a los niños y a los jóvenes. Creo sinceramente que, dicho en general, no somos lo suficientemente conscientes del valor de una persona, de cualquier persona, aunque la idea nos suene a repetida.

Si esta idea sobre la persona estuviera bien afirmada en la conciencia colectiva, no tendríamos el panorama social que tenemos. Uno echa un vistazo alrededor y se encuentra un día sí y otro también con graves violaciones contra la dignidad humana, algunas muy graves, unas contra la ley y otras al amparo de leyes. Hay infinidad de ejemplos, entre los cuales no se pueden pasar por alto los del aborto que lleva muchas décadas cobrándose millones de víctimas inocentes en todo el mundo, y la eutanasia que una vez instalada entre nosotros, va tomando cuerpo poco a poco, pero quiero detenerme solo un momento en otro asunto, que es el animalismo.

Entre la realidad «persona» y la realidad «animal» hay un abismo y hoy ese abismo se ha quedado reducido a una frontera muy desdibujada a causa del movimiento animalista y de la nula reacción frente a él. Socialmente sigue habiendo diferencias entre el trato que dispensamos a personas y a animales, pero esas diferencias cada vez son menores, en contra de la persona y a favor del animal. Eso que ya es grave en el ámbito social, lo es más aún en el individual, donde es manifiesto que hay muchos animales que disfrutan de unas condiciones de vida que ya quisieran para sí la mayor parte de los habitantes de extensas regiones del planeta, incluida nuestra patria. El panorama se hace todavía más sombrío cuando se trata de personas desfavorecidas: niños no queridos, ancianos terminales, excluidos, etc. El santo Papa Juan Pablo II alzó su voz potente contra la «cultura de la muerte», el papa actual, Francisco, se refiere a lo mismo cuando habla de la «cultura del descarte». Por nuestra parte, desde este pequeño rincón, no nos cansaremos de insistir. Un hombre es alguien a quien Dios hizo «poco inferior a los ángeles» y si luego, además, este hombre es un bautizado, su condición se eleva hasta ser hijo de Dios por adopción mediante el bautismo, es decir, alguien que está llamado a vivir una vida inconmensurable, la vida eterna del mismo Dios.

Pues bien, a tal ser, tal obrar; a tal condición, tales aspiraciones. A un ser de dignidad altísima no le puede corresponder sino un estilo de vida de dignidad altísima; de aquí nacen los grandes ideales. Hablar de grandes ideales no es una salida de tono, como si todos tuviéramos que aspirar a ser el número uno de nuestro campo. No es eso. Ser el número uno (de lo que sea, supongamos de un deporte) es una aspiración legítima para quien tenga dotes excepcionales, y si las tiene, deberá proponerse llegar lo más lejos posible, pero esa es una aspiración cerrada a un grupo muy reducido de individuos. Quien tenga posibilidades de llegar a estar en lo más alto del podio, está bien que sueñe con ello y que lo intente, pero si esa propuesta se la hiciéramos a la mayoría de los muchachos, les estaríamos engañando ya que los induciríamos a meterse por caminos de frustración asegurada.

Y en cambio, la idea de que hay que plantearles grandes ideales debemos mantenerla en pie porque es realista. En el artículo «En relación con la adolescencia (III). Mensajes y refuerzos positivos» dejé escrita esta afirmación: «los jóvenes están hechos para volar». Tenía verdaderos deseos de volver sobre ella porque entonces se quedó una pregunta implícita sin contestar. La pregunta es hacia dónde. Los jóvenes están hechos para volar, pero ¿hacia dónde? Hacia las dos alturas que se corresponden con nuestro ser hombres y ser cristianos: el heroísmo y la santidad.

Estas dos alturas están al alcance de todos y se puede tender a ellas desde cualquier situación en la que nos encontremos. La meta del heroísmo es para todos y la de la santidad también. El heroísmo y la santidad son vocaciones universales porque lo son no solo para unos cuantos, aunque solo unos pocos escogidos terminen siendo héroes de leyenda o santos de altar. De cuando en cuando saltan noticias de ciudadanos corrientes que, puestos en situaciones extraordinarias, realizan acciones extraordinarias. ¿Son héroes? Evidentemente sí. A veces arriesgando su vida o entregándola en un solo acto por causas nobles, por salvar la de otro, por ejemplo. No son tan excepcionales estos casos en situaciones de catástrofe. Raro es el incendio, inundación, terremoto, etc., en los que no hay que destacar las acciones heroicas de una o varias personas.

Y luego están los héroes ordinarios, que a pesar de no ser noticiables, están viviendo en un heroísmo permanente. Abnegados padres y madres de familia que hacen lo imposible por sacar a sus hijos adelante; padres, hijos y hermanos a quienes que se les va la vida atendiendo a un enfermo crónico, sorteando inconvenientes de todo tipo. Hombres y mujeres de la más variada condición que no viven para darse caprichos sino para entregarse generosamente, a veces a una sola persona, en el más escondido anonimato, a veces regalando su tiempo y sus medios en favor de otros que lo necesitan más.

Héroes hay que ser, y de excelente madera, para mantener hoy unos criterios rectos y vivir de acuerdo con ellos, para llevarlos adelante en medio de un mundo que se mofa de la virtud y actúa en su contra; héroes hay que ser, y de no pocos quilates, para tratar de ser justos en todos nuestros actos, para permanecer en un estilo de vida que no se deje contagiar por propuestas seductoras y despersonalizantes, como son las de convertirnos en nuestros propios ídolos, el afán por consumir y derrochar, el estar a la última en todo, el recurso a la doblez y a la mentira, enormemente generalizados, la aceptación de la impudicia y del tratamiento irreverente que se da a la sexualidad, la falta de respeto y de compromiso con la palabra dada, el desdén por la ley y por quienes detentan la autoridad, el valorar a los demás por su brillo en lugar de hacerlo por su honradez, etc.

Diré menos respecto de la santidad, porque está en la misma línea, aunque en este caso conviene significar que la llamada a la santidad para un cristiano no es una opción ni una opinión particular de nadie, sino una llamada personal para cada uno y para todos. No es opinión de nadie porque la vocación universal a la santidad pertenece a la fe y a la doctrina de la Iglesia manifestada explícitamente en multitud de documentos. Y no es una opción porque está expresamente mandada en varios pasajes de la Sagrada Escritura, el más directo en Mt 5, 48 por boca del mismo Jesucristo: *«sed perfectos, como vuestro Padre celestial es perfecto»*. Por si cupiera alguna duda con los términos empleados, diremos que del mismo modo que el heroísmo no es otra cosa que la concreción de la perfección humana del hombre en cuanto hombre, la santidad no es otra cosa que la concreción de la perfección cristiana, del hombre en cuanto bautizado.

¿Podemos aspirar a tales cosas aquellos a quienes no se nos han dado grandes capacidades, ni cargos elevados, ni vocaciones especiales? No solo podemos, sino que debemos. Insisto, no es una opción, sino un mandato y Dios no manda imposibles. Por no saber esto, o por saberlo y no creerlo, por oírlo y no tomárnoslo en serio, el mundo (o sea, nosotros, nuestras familias, nuestros pueblos, España, Europa...) padece un déficit de bien, de salud social, de cordura, de alegría, de respeto, de valores, de concordia, etc., cuyas consecuencias están a la vista. Por no saber esto, o por saberlo y no ponernos manos a la obra, arrastramos un sinfín de heridas que no solo no cicatrizan, sino que se expanden e infectan cada vez más. Y no hemos tocado fondo. Quizá alguien piense que exagero, está en su derecho, pero puedo asegurar que no escribo movido por un arranque de pesimismo ni he perdido un solo gramo de esperanza; ahora bien, los informes sociológicos sobre nuestra salud social son demoledores: valores que manifiestan los jóvenes al ser preguntados, hundimiento demográfico, rechazo del matrimonio y rupturas matrimoniales, aceptación de la ideología de género, índices de suicidios, de drogadicción, de diversos tipos de acoso, de abusos y violaciones...

Muchos males tenemos y muy graves, pero no es cosa de quedarse en lamentos; al contrario, a grandes males, grandes remedios. No podemos limitarnos a conservar lo poquito que nos queda ni podemos aspirar a poco, porque la infección corre deprisa. La mediocridad, que siempre ha sido un lastre, hoy además es combustible para que el mal cunda y se expanda. Hoy no sirven remedios caseros ni podemos quedarnos en parchear las situaciones como podamos, en ir tirando o estar a la espera de que el viento traiga algún remedio porque el viento a lo único que puede contribuir es a empeorar lo que ya está mal.

Insisto, a grandes males, grandes remedios. Heroísmo y santidad universales. ¿Se puede pedir más? No, no se puede pedir más, pero —repitiendo una afirmación que ya ha salido en alguna otra ocasión— no podemos conformarnos con menos. Sin prisas, que todo necesita su tiempo; preferiblemente sin hacer ruido (y si es preciso, haciéndolo), pero infundiendo mucho ánimo en los niños y adolescentes; enmendando todo lo que haga falta, que no será poco, pero con criterios firmes y decididos a ir avanzando en estos objetivos a los que no se puede renunciar. No hay que tener miedo de que sean elevados, es verdad que lo son, pero son los que corresponden con un ser personal como es el nuestro, de una riqueza inmensa, cada cual la suya. Y tampoco hay que tener miedo a quedarse a medio camino; ese riesgo siempre existe, porque hay que contar con la libertad de cada persona, pero el riesgo no anula la altura de la meta. Todo objetivo es, por definición, lo primero en la intención y lo último en la consecución. Esa altura no es contraria al realismo con el que hay que proceder, que vendrá dado por la necesidad de ajustarse a las circunstancias y posibilidades de cada uno; quien tenga que ser número uno en su parcela, que no se conforme con el segundo puesto, y quien no pueda ser locomotora, que sea vagón, pero tanto uno como otro, sin desfallecer en la pasión por estas metas que son las que de verdad llenan la vida y pueden dar sentido a la vida de los jóvenes no durante un rato, sino durante toda la existencia.

Dejo la última palabra para el buen humor, que es un rasgo utilísimo y del todo necesario para enfrentarse a la realidad y para manejarse con ella.

El buen humor

El buen humor puede compartir algún rasgo con la comicidad, pero son cosas distintas y no es a la comicidad a lo que me refiero. La comicidad como capacidad para hacer reír a los demás es un magnífico don que no a todos se nos ha dado, en cambio el buen humor sí que se le puede exigir a toda persona, aunque no siempre. Tenemos que conceder que en la vida de toda persona hay momentos de gran dureza en los que el buen humor no puede aparecer por ningún sitio. Hecha esta salvedad, a los niños y a los jóvenes no podemos despertarles entusiasmo hacia ninguno de los grandes valores de la vida, y mucho menos hacia el heroísmo y la santidad de los que hemos hablado, si no van acompañados del buen humor. El buen humor es la llave de las almas infantiles y juveniles. Un buen humor que acoge, que acompaña, que hace todo cuanto puede para que el muchacho se sienta a gusto, querido, comprendido, tenido en cuenta.

Buen humor con los adolescentes para ajustar la cabeza a la realidad, para relativizar las cosas y tomar distancia de los problemas, para disculpar y aprovechar positivamente sus frecuentes salidas de tono, sus posturas extremas y sus hundimientos, para aportar aplomo y estabilidad, que es justamente aquello de lo que el adolescente, por su edad, más carece y más valora.

Termino con una cita. Dije de pasada cómo a lo largo de muchos años hemos echado mano de argumentos tomados de diversas fuentes para apoyar la idea del valor inmenso de la persona humana. Hoy añado una nueva tomada de una mística hispanoitaliana del siglo xx, cuyos escritos me atrevo a recomendar vivamente. Me refiero a la venerable M. Magdalena de Jesús Sacramentado, religiosa pasionista que murió en Madrid en 1968. He aquí unas palabras suyas que recuerdan a santo Tomás de Aquino porque proclaman el valor de una sola persona y justifican todos los trabajos que haya que emplear con ella. Dice así: *«el bien sobrenatural de un solo individuo supera al bien natural de todo el universo».*

Merece la pena meditarla.

6

El efecto Pigmalión

1. El efecto Pigmalión (I).
Cara A, una consecuencia de ser relacionales

Pigmalión es el protagonista de un mito griego, que ha inspirado a pintores, escultores y literatos. De la literatura ha pasado al teatro y al cine, donde a mediados del siglo pasado alcanzó el que probablemente sea su momento cumbre con ese musical delicioso titulado *May Fair Lady,* que cosechó numerosos galardones, entre ellos ocho premios óscar.

Lo traemos a esta sección porque el efecto Pigmalión es un hecho interesante sobre el que se ha insistido mucho en el mundo de la Psicología y de la Pedagogía de los últimos años. Se trata de un experimento llevado a cabo en los años 60 del siglo pasado por un prestigioso profesor de la Universidad de Harvard, el psicólogo Robert Rosenthal y sus ayudantes.

Para quien no lo conozca, vamos a dar cuenta de él advirtiendo previamente que las conclusiones a las que llegan las ciencias humanas (Psicología, Sociología, Pedagogía, etc.) no son resultados científicos comparables a los que pueden obtenerse en las ciencias experimentales. Un químico, un informático o un matemático pueden controlar con mucho rigor las variables que intervienen en sus experimentos; en cambio un psicólogo o un sociólogo no pueden manejar con exactitud todos los elementos que intervienen en la investigación porque su campo de investigación es la conducta humana y los elementos que intervienen en la conducta no siempre son manifiestos ni medibles. Las conclusiones a las que llegan estos últimos se ofrecen siempre en términos de probabilidad, con lo cual hay que admitir, en todo caso, un considerable margen de error.

La persona humana, siendo una realidad física y biológica, es mucho más que un cuerpo material y mucho más que mera biología. Hay un elemento psicológico —o si se prefiere espiritual— que sobrepasa, gracias a Dios, todo cerco de medición y de experimentación. La persona es un ser espiritual y por ello se mueve siempre en un ámbito de libertad que impide que pueda ser tomada como objeto científico del mismo modo a como se tratan los seres no personales. Y esto ocurre no solo en ese ámbito espiritual o psicológico, sino en el meramente corporal. De aquí que hayamos oído decir muchas veces a los profesionales de la medicina que el campo médico no es matemático. Cuando se les solicitan datos exactos en la respuesta a un tratamiento, se les piden plazos, o el alcance de los riesgos derivados de una intervención, etc., a veces pueden afinar en su respuesta, y con mucha frecuencia no. «Esto no son matemáticas», solemos oír.

Pues bien, si en lo que atañe al estado del cuerpo no se pueden hacer previsiones exactas, piénsese cuando de lo que se trata es de asuntos que tienen que ver con la psicología de la persona, su conducta, sus motivaciones, hábitos, etc. Lo cual no significa que estas ciencias no puedan hacer sus estudios o que sus conclusiones no sean válidas, significa que no se pueden predecir resultados exactos. La pedagogía trabaja con principios y con estrategias, pero no con recetas. En educación no hay recetas, porque los ingredientes que intervienen no se pueden pesar, medir y contar, como se hace en un laboratorio o en una cocina. En educación no puede haber recetas porque los ingredientes principales son las personas; personas que se encuentran en una relación peculiar, distinta de toda otra relación, que ha de ser gestionada por el adulto y manejada como una obra de artesanía. Si se acepta la expresión, podría decirse que *la educación se hace a mano*, y nada encajaría peor con lo que ha de ser un hogar o un colegio que la idea de fábrica o laboratorio.

Dicho esto, vamos con el efecto Pigmalión.

El experimento consistió en lo siguiente: en el comienzo de un curso escolar, los psicólogos escolares de un centro educativo hicieron saber a los profesores cuál era la situación de los alumnos que tendrían ese año. Dividieron a los alumnos del mismo curso en tres clases distintas. Los profesores fueron informados de que en el primer grupo estaban los alumnos mejor dotados, los que por ser más inteligentes prometían unas calificaciones brillantes. El segundo grupo estaba compuesto por alumnos cuyas capacidades se situaban en el término medio, ni muy altas, ni muy bajas. De estos chicos podían esperarse unos resultados medios, ni sobresalientes ni suspensos redondos. Para el último grupo quedaban los alumnos menos capacitados, los que más dificultades tenían para aprender, y cuyos resultados previsibles eran muy bajos. Los profesores se dieron por enterados y comenzó el curso.

Esta fue la información que los profesores recibieron, pero no se correspondía con la realidad. La verdad era que los alumnos de los tres grupos habían sido seleccionados al azar, con lo cual no había motivos para pensar que hubiera grandes diferencias de partida. Cabía suponer que, aunque los grupos fueran desiguales, en los tres grupos habría alumnos con todo tipo de capacidades: altas, medias y bajas.

Al terminar el curso, los psicólogos tomaron los resultados académicos y volvieron a dividir a todos los alumnos en tres grupos iguales, esta vez tomando como criterio las calificaciones de fin de curso. Los alumnos con mejores calificaciones fueron asignados al primer grupo, los de notas medias al segundo y los de resultados inferiores al tercero.

Pues bien, lo que resultó sorprendente es que los resultados de los grupos iniciales (los formados al azar) y finales (según las calificaciones) fueron prácticamente coincidentes. Fuera de algunas excepciones, que no invalidaron el experimento, fue realmente curioso comprobar cómo los grupos eran casi idénticos. La profecía se había cumplido.

Varias conclusiones se pueden obtener de este hecho, de las cuales la que más salta a la vista es la elevada influencia que ejercen las expectativas del profesor sobre el rendimiento académico del alumno. Ya se puede entender que en el rendimiento influyen muchos factores, sobre todo las dotes intelectuales de la persona, pero para lo que ahora nos interesa, basta con señalar la influencia que tienen las actitudes previas de los adultos sobre las posibilidades de los niños y jóvenes. En el estudio que se está comentando, la clave no está en que los profesores actuaran mejor con un grupo que con los otros dos, sino que suponiendo que partían de distintas líneas de salida, enfocaron sus clases con disposiciones distintas y se propusieron metas distintas.

Por otra parte, además de las actitudes previas, y como consecuencia de esas actitudes, están los mensajes que se lanzan al estudiante. Los actos educativos tienen lugar dentro de esa relación peculiar a la que nos referíamos líneas atrás, distinta de toda otra, que se establece entre el profesor y sus alumnos. En esta relación es determinante que el alumno vea que se confía en él y en sus posibilidades. Esto puede parecer poca cosa, pero es un elemento primordial, y, además un reto que se hace especialmente difícil cuando el niño o el joven está viviendo circunstancias personales que escapan a la acción del maestro. Confiar en otro es creer en él y eso es algo que predispone para actuar de acuerdo con esa confianza. Este es un hecho irrefutable que la Psicología tiene bien estudiado desde diversos ángulos y que la experiencia personal confirma. Nadie puede ganarse el corazón de otro desde el recelo o la desconfianza y no se puede pretender formar a quien antes no se le haya cautivado por la vía del corazón. Esta ley se cumple siempre y con todos (niños, jóvenes o adultos), y especialmente con quienes se están haciendo.

Con más o menos margen de error, no se puede negar el valor del efecto Pigmalión. En definitiva, lo que aquí se pone de manifiesto es la doble condición que tenemos toda persona de influyente e influenciable; todos nosotros creamos ambiente y, al mismo tiempo, somos moldeados por él. Por ser personas, vivimos en parte, y a la vez en gran medida, de la relación con los demás. El ambiente en el que se desarrollen los niños y los adolescentes es crucial para su vida, porque el peso de las opiniones de los que nos rodean es enorme, y mayor cuanto menos hecha esté la persona.

Con todo, y sin poner peros al efecto Pigmalión, también hay que decir que el efecto Pigmalión no es mágico. Hemos visto su valor, pero para que este pueda darse son necesarias algunas condiciones. En el espacio que nos queda para este artículo vamos a referirnos a dos: una, la necesidad de esfuerzo por parte del alumno; y dos, el papel de la familia.

Hacerle sabedor de que uno confía en él o en ella no es todo lo que se necesita para lograr el éxito, porque la confianza no sustituye al esfuerzo individual, precisamente si puede haber confianza es porque de antemano se cuenta con el esfuerzo del estudiante, si supiéramos previamente que no va a haber tal esfuerzo la confianza sería absurda.

En cuanto al papel de la familia, apuntamos solamente la siguiente idea. El efecto Pigmalión ha servido para modificar las actitudes y encarar la acción educativa en clave de éxito, generando esperanza e ilusión; y en este sentido hay que congratularse de que Rosenthal tuviera la perspicacia que tuvo a la hora de diseñar un estudio como el que venimos comentando. Ahora bien, el efecto Pigmalión se llevó a cabo dentro del mundo docente, pero el colegio no es el principal lugar de formación de la persona; antes, durante y después del centro escolar, está la familia. Así es de hecho y así debe ser, por muy bien que lo haga la escuela o el colegio y por muy contentos que podamos estar con él.

La segunda condición a la que nos referimos, que es fundamental, reside en la necesidad de que la persona que genera expectativas sea importante para la vida del niño. Por este motivo el peso de las expectativas de los profesores, pudiendo ser grande, es de hecho bastante menor que el peso de las expectativas de los padres, que son las principales figuras de referencia para cualquier niño. Aunque solo fuera por este motivo, ya se entiende el valor de la relación entre padres e hijos. Si todo acto educativo —digamos institucional o académico— se desarrolla en el marco de la relación profesor—alumno, la auténtica construcción de la persona pasa por la relación directa, sin intermediarios entre padres e hijos. Las circunstancias que rodean la vida de muchas familias hacen que esta relación tenga que ser sustituida por otras personas: abuelos, amigos, compañeros del colegio, etc. Si no hay otra solución, habrá que acudir a solicitar la ayuda de quien pueda hacer tareas de sustitución, pero la relación padre-hijo es, de suyo, insustituible.

2. El efecto Pigmalión (y II). Cara B, oculta

Muy interesante, a nuestro juicio, esto del efecto Pigmalión que comentábamos en el artículo anterior. Ciertamente así es, y por eso nos pareció que podía venir bien traerlo a estas páginas. En ese artículo nos centramos en sus ventajas y en ver el campo de posibilidades que ofrece. Pero tiene también su cara oculta —no decimos negativa— de la que también conviene decir algo. Nos vamos a fijar en dos aspectos: el primero, el rendimiento académico; el segundo, las actitudes de los padres en relación con las expectativas hacia los hijos.

El rendimiento académico

Por rendimiento académico todo el mundo entiende las notas, que es la puntuación numérica conseguida por el estudiante en la escala 1 — 10. Así es desde hace muchos años, así nos manejamos, y todo parece indicar que así debe seguir siendo. (Los ensayos para calificar de otro modo no acaban de contentar a nadie: ni a profesores, ni a padres, ni a los propios estudiantes). Ahora bien, la nota —buena, mediana o mala— siendo un número, es mucho más que un número. La nota es la traducción aritmética de la vida académica del alumno a lo largo de un período de tiempo, normalmente largo. Es mucha vida la que hay detrás de un simple número, muchas ilusiones o desilusiones, mucho progreso intelectual, muchos malos ratos, muchas fatigas, mucho trabajo o mucha dejación...

Dicho de otra manera: son muchas las variables que concurren en un 3, en un 7 o en un 10. He aquí las más destacadas: las capacidades intelectuales, físicas o artísticas del alumno, los gustos y preferencias que tiene, su dedicación y su esfuerzo, sus habilidades de aprendizaje, su salud física y psicológica, su estabilidad emocional, el ambiente familiar y social en el que se desenvuelve, el trabajo del profesor y su estilo, el clima general que se vive en el centro y el clima particular de su aula, las actitudes de los padres, las expectativas de las personas que para él son significativas: padres, profesores, amigos, etc. Y hay más. Hemos señalado solo aquellas que dependen de nosotros, los directamente implicados en la educación, pero están también las que escapan a nuestra acción inmediata, como son las sociológicas y las legales. Estas también tienen un peso, y no pequeño, aunque no está en nuestra mano intervenir sobre ellas, al menos de manera directa.

Así pues, sin olvidarnos de esas variables que se nos escapan, quedándonos solo con lo que está a nuestro alcance, vemos toda una constelación de factores, que influyen positiva o negativamente en el rendimiento, y, por tanto, en las notas. Que esto sea así nos sugiere varios puntos de reflexión. Vamos a comentar dos: el lugar de las expectativas de los padres y el carácter solidario de la educación.

Lo que primero llama la atención es que siendo tan amplio el repertorio de «ingredientes» que convergen en el rendimiento escolar, y todos ellos importantes, no parece razonable concentrar en unos cuantos las causas del buen o el mal rendimiento con olvido de los demás, y menos aún en uno solo. Por eso, el efecto Pigmalión, siendo importante, no es sino un factor, uno solo, de los muchos que entran en juego. De aquí que no debamos desestimarlo pero tampoco darle un valor desproporcionado, como si de él dependiera más de lo que puede depender.

El peso de las expectativas es grande, pero estas expectativas tienen que estar bien fundadas, deben ser razonables y no pueden formarse aisladamente, al margen de todo el conjunto de variables.

En épocas pasadas era tristísimo comprobar cómo la falta de expectativas de muchas familias —tantas veces motivada por falta de medios económicos— dejaba en la cuneta de la educación a multitud de personas bien dotadas. Es una pena que, porque los adultos no nos propongamos objetivos altos, los muchachos no aspiren a un desarrollo profesional que satisfaría vocacionalmente en el futuro su vida de hombres o mujeres, o se queden a medio camino cuando objetivamente se podría llegar muy arriba. En ninguno de los órdenes de la vida hay razón alguna por la cual una persona deba conformarse con lo menos cuando puede aspirar a lo más; al contrario, existe la obligación moral grave de hacer fructificar en bien de los demás (y de paso, en bien de uno propio) todas las dotes y talentos de que uno disponga. Los peligros que se pueden barruntar en torno a este principio como pueden ser la autosuficiencia o la altanería, son riesgos reales, ciertamente, contra los que hay que estar alerta permanentemente, pero no son justificación para no poner en juego las capacidades personales. Contra esos riesgos hay que precaverse encauzando debidamente los deseos y aspiraciones, pero no desmochando los impulsos a progresar y llegar tan alto como se pueda.

Nos sale al paso la cuestión de los deseos, que es bien interesante y aunque no nos detengamos demasiado en ella, sí merece que le dediquemos unas líneas. Con las aspiraciones están los deseos, que son esos polos de atracción que tiran del corazón, lo ponen en marcha y lo orientan hacia un objetivo concreto. Los deseos constituyen uno de los motores de la vida de cada uno de nosotros, tal vez el más importante. Por lo que respecta a la educación de los chicos, es imprescindible que estemos muy atentos a sus deseos. Como el tema nos ha salido al paso, no vamos a entrar en él, pero sí vamos a dejar constancia de un lamento ante la estrechez de miras de un sector bien abultado de nuestros jóvenes.

Los estudios sociológicos serios (CIS, Fundación Santa María, etc.) ofrecen datos preocupantes. ¡Qué escasez de grandes ideales! ¡Qué sueños más chatos! ¡Qué falta de entusiasmo! ¡Qué bajura de miras, cuando el corazón humano, y especialmente el corazón joven, está hecho para volar! Aquí, como en tantos casos, los mayores debemos revisarnos. ¿Sabemos cuáles son los deseos de nuestros jóvenes?, ¿sabemos lo que anida en su corazón?, ¿se ven estimulados por nosotros los adultos a grandes acciones?, ¿proyectamos sobre ellos entusiasmo? No nos escondamos en la prudencia, que la prudencia es una virtud (la primera de las morales) y por serlo, no está reñida con las grandes acciones, ni con las empresas de altos vuelos. La prudencia nos irá diciendo qué decisiones concretas debemos tomar y cómo tenemos que actuar, pero no está para mermar, y menos aún sofocar, las grandes aspiraciones. Habrá que ajustar todo lo que sea preciso para moverse con prudencia, pero en cualquier objetivo lo primero es la intención, y esa debe ser excelente, alta, sublime, santa.

En el otro extremo también se dan casos, quizá más frecuentes hoy, en los que ocurre justamente lo contrario: padres empeñados en metas que escapan a las posibilidades de los hijos o por las que estos no tienen interés ninguno, o bien, situaciones de expectativas paternas tan altas que traen en jaque a todo el mundo.

Motivaciones que poco o nada tienen que ver con la grandeza de ideales, como la obtención de títulos que se ponen de moda, el prestigio social de algunas profesiones, la obsesión por reparar en la vida de los hijos las frustraciones personales de los padres, el afán de éxito a toda costa o la necesidad autoimpuesta de mantener una tradición de familia, pueden llegar a presionar tanto —directa o indirectamente— que el campo de la elección personal acabe reducido a la nada.

El carácter solidario de la educación

El segundo aspecto que nos parece interesante comentar es el carácter solidario de la educación, entendiendo solidario en el sentido de ser partícipes de una obra común, no en el sentido moral. No hablamos de solidaridad como valor moral, que es muy interesante y está muy bien, sino como dato que la realidad impone por la propia naturaleza de las cosas. (Valga el ejemplo: los vecinos de un mismo bloque de pisos no es que tengan que ser solidarios unos con otros en caso de necesidad de alguno de ellos —este sería el sentido moral— sino que lo son de hecho porque entre todos tienen que sostener los gastos que genera la comunidad). Pues bien, en este mismo sentido hablamos del carácter solidario de la educación; no se trata de perseguir un estado de grata concordia entre todos los que intervenimos en la formación de la persona, aspirando a que todos seamos gente maja y excelentes que se llevan estupendamente. Eso está muy bien, pero pertenece a otro ámbito que el que aquí nos ocupa. Ahora la cuestión está en ver que todos los implicados en la educación de cada niño o de cada joven tenemos nuestra cuota de responsabilidad en su rendimiento académico, y, en otro sentido, también en su formación personal. No hay nadie que sea el único artífice de esa formación, ni nadie que pueda desentenderse de lo que ocurra con él. Padres, abuelos, parientes, profesores, sacerdotes, catequistas, monitores de tiempo libre, compañeros, amigos... Todos, cada uno en su medida, y sobre todos ellos, la propia persona usando de su libertad, según va avanzando en edad.

Esto nos obliga a ser comedidos y humildes. Comedidos (co-medidos) porque la medida del fruto de nuestro trabajo no proviene de la valoración que haga en exclusiva cada uno de sí mismo; dicho de otro modo, el resultado de nuestra actuación en los otros no nos pertenece por entero. Les pertenece también a los demás, y sobre todo a ese otro concreto sobre el cual actuamos. Aquí está la grandeza y la debilidad de todo oficio en cuyo fin interviene la libertad de los demás.

Humildes porque nadie puede atribuirse, ni para bien, ni para mal, la sola responsabilidad de lo que logra o deja de lograr cada niño o cada joven. Humildes porque en educación nadie ocupa el centro. Quien está en el centro es el niño, a él se deben todas las atenciones que, en todo caso, se ejercen desde fuera. Si alguien puede verse en el centro de la educación es él, pero él tampoco puede apropiarse en exclusiva de sus posibles éxitos porque si ha podido lograrlos ha sido gracias a otros, especialmente a sus padres y profesores.